Dados Internacionais de Catalogação na Publicação (CIP)
(Câmara Brasileira do Livro, SP, Brasil)

Campos, Afranio
10 ideias para fazer um milhão de coisas-- : com inteligência artificial / Afranio Campos. -- Salvador, BA : Ed. do Autor, 2024.

ISBN 978-65-01-27148-4

1. Inteligência artificial - Inovações tecnológicas - Aspectos sociais 2. Internet (Rede de computadores) - Aspectos sociais 3. Sociedade da informação 4. Tecnologia da informação e comunicação I. Título.

24-244545 CDD-303.483

Índices para catálogo sistemático:

1. Inteligência artificial : Sociologia 303.483

Aline Graziele Benitez - Bibliotecária - CRB-1/3129

Dedico este livro à Vania Helena Dalpizzol, amor e parceira integral na divisão das coisas e emoções da vida.

10 ideias para fazer um milhão de coisas

Usando a Inteligência Artificial

Afranio Campos

Prefácio

Vivemos em uma era de transformações sem precedentes, na qual a inteligência humana encontra sua mais intrigante parceria: a inteligência artificial. Esta aliança, tão promissora quanto desafiadora, é o motor de mudanças que redesenham o mundo ao nosso redor. O advento da IA não apenas acelera processos e inovações, mas também nos força a reavaliar o que significa ser humano, criar, e existir em um universo cada vez mais digitalizado.

Este livro é um convite a explorar o potencial ilimitado das ideias que surgem na interseção dessas duas inteligências. Ao longo das próximas páginas, você encontrará dez maneiras de aproveitar o poder da IA para realizar um milhão de coisas – desde resolver problemas cotidianos até transformar indústrias inteiras. Porém, mais do que um manual de possibilidades, esta obra é um diálogo. Um chamado para refletirmos sobre as implicações éticas, sociais e existenciais de compartilhar o palco da criação com máquinas cada vez mais "pensantes".

Há quem veja na IA um novo renascimento, um horizonte de oportunidades tão vasto quanto inexplorado. Para outros, trata-se de uma ameaça, algo que nos desloca do centro do palco como protagonistas absolutos do progresso. O que é inegável, entretanto, é que ignorar a IA já não é uma opção. Seja como ferramenta, parceira ou competidora, ela está moldando o futuro em velocidade vertiginosa.

Mas este encontro não é apenas técnico – ele é também filosófico. Ao mergulhar no impacto da IA, percebemos que ela nos obriga a perguntar: até onde deve ir o seu uso? Quem se beneficia? O que perdemos ao terceirizar habilidades e decisões para algoritmos? Neste espaço de incertezas e oportunidades, surge a questão central que guia este livro: como podemos, como humanidade, usar a inteligência artificial para multiplicar o impacto de nossas ideias, sem perder o controle sobre nossas escolhas e valores?

Minha intenção aqui não é fornecer respostas definitivas, mas inspirar inquietações criativas. Este livro não é sobre o futuro da IA isoladamente, mas sobre o futuro que construímos juntos – humanos e máquinas – a partir das ideias que decidimos perseguir. Porque, no final, a inteligência artificial é, acima de tudo, um reflexo da nossa própria inteligência: seus erros e acertos, suas promessas e limites, dependem de como escolhemos moldá-la e, inevitavelmente, de como ela nos molda em retorno.

Prepare-se para explorar, imaginar e questionar. As próximas páginas revelam um mundo onde a única certeza é a transformação – e onde cada ideia é uma oportunidade de reescrever o que significa "fazer" na era da inteligência artificial.

Boa leitura!

Salvador, dezembro de 2024.

Afranio Campos

INDICE

Bem-vindo, a sua nova caminhada!

É com imensa alegria e gratidão que lhe dou as boas-vindas a esta jornada fascinante que se inicia neste livro, "10 Ideias para Fazer um Milhão". Aqui, você não apenas encontrará um compêndio de estratégias e inspirações, mas, principalmente, uma oportunidade única de transformar sua vida. Ao longo dos próximos capítulos, convido você a mergulhar em um universo repleto de possibilidades, onde a criatividade e a inovação se unem à sabedoria da Inteligência Artificial (IA), oferecendo um impulso poderoso em direção aos seus objetivos financeiros e pessoais.

Vivemos em tempos extraordinários. A tecnologia está evoluindo em um ritmo vertiginoso, e, entre essas inovações, a IA se destaca como uma verdadeira metamorfose que não apenas transforma o nosso mundo, mas também redefine a forma como pensamos, trabalhamos e criamos. Ao longo deste livro, você terá acesso a uma introdução rica e acessível ao conceito de Inteligência Artificial, esclarecendo não apenas os mitos que cercam essa temática, mas também desvendando suas inúmeras potencialidades. Você verá como a IA se tornou uma aliada poderosa, capaz de elevar suas ideias a patamares que, de outra forma, poderiam parecer inalcançáveis.

Em cada capítulo, examinaremos a dinâmica entre a criatividade humana e a inteligência artificial. Imagine um parceiro criativo que nunca se cansa, que aprenda constantemente e que está sempre pronto para ajudá-lo a encontrar novas soluções e abordagens. É assim que a IA pode se apresentar em sua vida — uma ferramenta que amplia suas capacidades e que, em muitos casos, é a chave para desbloquear aquelas ideias que, dentro de você, anseiam por se manifestar. Juntos, exploraremos exemplos práticos e inspiradores de como essa colaboração pode se materializar no mundo real, mostrando que os mais brilhantes projetos e empreendimentos do nosso tempo são frutos de colaborações inovadoras entre humanos e máquinas.

Ademais, vamos mapear as tecnologias atuais em IA que estão sendo utilizadas para capacitar a criatividade e a geração de riqueza. Abordaremos tópicos como o aprendizado de máquina, o processamento de linguagem natural e a visão computacional, desmistificando suas aplicações práticas e revelando como elas podem ser aproveitadas em seu benefício. Você descobrirá que, ao entender essas ferramentas, você não apenas se torna um consumidor passivo de tecnologias, mas um criador ativo de oportunidades.

A transformação da criatividade em um ambiente digital também será uma peça central dessa narrativa. Como o mundo do comércio e da experiência do cliente está mudando em resposta às inovações trazidas pela IA? Quais são as oportunidades que você pode explorar neste novo cenário? Iremos desvendar tendências emergentes que podem — e devem — ser a base das suas próximas investidas. As dicas e estratégias apresentadas aqui têm o potencial de guiá-lo em um caminho de adaptação criativa e recompensadora, permitindo que você esteja sempre à frente da curva das inovações tecnológicas do conhecimento e da informação.

Nesta jornada, convido você a refletir, questionar e se desafiar a ultrapassar seus limites. Cada ideia aqui exposta não é apenas uma teoria, mas um convite à ação. Que este livro sirva como um farol em seus momentos de hesitação e uma fonte de inspiração contínua. Se você já sonhou em fazer um milhão, este caminho começa agora, com o simples ato de abertura da mente e do coração para novas ideias.

Então, prepare-se! Porque cada página que você folhear será um passo mais perto da realização de seus objetivos. Juntos, desbravaremos novos horizontes. Estou aqui, ao seu lado, como companheiro de jornada, compartilhando tudo o que pude aprender e vivenciar. Que este livro não apenas abra o seu caminho, mas que também o inspire a agir, a sonhar grande e a transformar cada ideia em ação concreta.

E vamos ao seu futuro transformador!

Capítulo 1: Introdução à Inteligência Artificial

Quando falamos sobre Inteligência Artificial, ou IA, é impossível não perceber o quanto ela se tornou parte integrante do nosso cotidiano. Imagine, por um momento, sua vida sem assistentes virtuais, recomendações personalizadas em seu serviço de streaming ou até mesmo sem os algoritmos que ajudam a organizar suas fotos de maneira inteligente. É como um amigo invisível que, a cada dia, se torna mais presente e útil. Neste capítulo, vamos nos aprofundar nesse universo fascinante, compreendendo suas origens, como evoluiu ao longo das décadas e como impacta as várias áreas de nossa vida.

A origem da Inteligência Artificial remonta às tentativas de replicar o raciocínio humano em máquinas. Desde o desenvolvimento de conceitos teóricos na década de 1950 até os avanços tecnológicos recentes, a IA tem se transformado numa área incrível de estudo e aplicação. Hoje, definimos IA como a capacidade de máquinas e sistemas de processar informações de maneira autônoma, aprendendo com os dados e adaptando-se a novas situações. Esse aprendizado não acontece de forma mágica; é o resultado de complexos algoritmos e imensa quantidade de informações que essas máquinas podem analisar. Elas "aprendem" de maneira similar a nós, mas com uma velocidade impressionante e a capacidade de lidar com volumes de dados que são, muitas vezes, inimagináveis para a mente humana.

O impacto da Inteligência Artificial em setores como negócios, saúde e educação não pode ser subestimado. Na área empresarial, por exemplo, a IA otimiza processos, reduz custos e proporciona insights valiosos que ajudam na tomada de decisões estratégicas. Na saúde, estamos vendo avanços surpreendentes, como diagnósticos precoces baseados em análises de dados de pacientes, que podem salvar vidas e tornar o cuidado mais eficiente. A educação, por sua vez, está sendo revolucionada por plataformas que oferecem experiências personalizadas e intuitivas, adaptadas às necessidades e preferências de cada estudante.

A importância da IA na nossa vida cotidiana traz à tona algumas questões desafiadoras. É comum escutar mitos e preconceitos relacionados a essa tecnologia. Muitas pessoas têm medo de que a IA substitua o trabalho humano ou tenha capacidades que supere as nossas — mas a verdade é que a IA deve ser vista como uma parceira, e não como uma substituta. Enquanto a tecnologia avança rapidamente, é essencial reconhecer que existem limites para o que a IA pode fazer. Por exemplo, a empatia, a criatividade genuína e a complexidade das emoções humanas ainda pertencem exclusivamente aos humanos.

Nesse contexto, desmistificar esses mitos e compreender as realidades consequentes da Inteligência Artificial é o primeiro passo para apreciarmos sua verdadeira função e potencial. Esta ferramenta poderosa não é apenas técnica; ela traz consigo a possibilidade de uma nova era, repleta de potencialidades e oportunidades criativas que têm o poder de gerar riqueza e prosperidade.

Neste livro, convido você a explorar a profunda conexão entre a Inteligência Artificial e o surgimento de novas ideias que podem transformar sua vida e seu negócio. Vamos desbravar a riqueza de conhecimentos e práticas que a IA tem a oferecer. Prepare-se para uma jornada de descobertas que podem inspirar sua criatividade e impulsionar você para o sucesso em empreendimentos inovadores.

A riqueza originada com o uso da Inteligência Artificial não se limita apenas ao que ela pode fazer, mas se estende ao que ela nos permite fazer. A colaboração entre humanos e máquinas está propiciando um novo espaço de criatividade onde ideias inovadoras florescem e são escaladas. Cada vez mais percebemos que a IA pode ser uma facilitadora, não uma rival. Imagine a possibilidade de um artista que utiliza algoritmos para gerar sugestões visuais, ou um escritor que se deixa inspirar por insights analíticos sobre as preferências de seus leitores. Essa sinergia é a essência da criatividade assistida, onde a IA não substitui a criatividade humana, mas a potencializa.

As ferramentas de IA que apoiam esse processo são diversas e foram projetadas para desafiar o status quo padronizado. Desde softwares de design que apresentam uma paleta de cores que se alinha às tendências mais atuais, até plataformas que analisam grandes volumes de dados para oferecer inspirações de marketing personalizadas. Um caso notável é o da Adobe, que integrou funções de inteligência artificial em seu software Photoshop, permitindo que os usuários criem alterações impressionantes apenas com alguns cliques baseados em reconhecimento de padrões. Esse não é um sinal de que os designers estão perdendo seus empregos, mas sim uma reafirmação de que suas habilidades podem ser elevadas a patamares ainda mais altos com qualidade de estado da arte.

A questão que surge, então, diz respeito ao futuro dessa colaboração. Como podemos nos preparar para um mundo em que a IA seja uma parte ainda mais significativa da nossa experiência criativa? A resposta não envolve apenas a adoção das tecnologias mais recentes, mas também uma mentalidade aberta à experimentação e à adaptação. Empresas e indivíduos que buscam incessantemente aprender e se reconfigurar estarão à frente nesse jogo em constante evolução. É fundamental cultivar um espírito inovador que abrace a mudança e utilize a IA como uma parceira essencial nesse percurso.

Além disso, refletir sobre o impacto que essa evolução traz para o nosso cotidiano é vital. Com o aumento da utilização da IA, temos a oportunidade de moldar um futuro em que o trabalho e a criatividade andam lado a lado. Isso implica repensar nossas abordagens, recalibrar nossas expectativas e preparar-nos para aproveitar ao máximo as potencialidades dessa conexão. O que hoje parece um sonho distante — uma realidade em que ideias incríveis possam ser transformadas em soluções práticas e gratificantes a partir da colaboração entre humanos e máquinas — está se tornando cada vez mais tangível no presente momento.

É neste interregno que a inovação se faz imprescindível. Ao começarmos a entender e integrar a IA em nosso dia a dia, estaremos não apenas prontificando soluções criativas, mas também criando um modo de ver o mundo ao nosso redor. A criatividade assistida pela IA é um convite para que todos que desejam empreender ou desenvolver ideias sejam corajosos, experimentais e, acima de tudo, receptivos às novas possibilidades que surgem com essa tecnologia.

Ao nos aprofundarmos nas tecnologias que sustentam essa parceria, como o aprendizado de máquina e o processamento de linguagem natural, veremos que o potencial é praticamente ilimitado. A IA não deve ser temida, mas, sim, reconhecida como uma aliada poderosa em nossa busca pela inovação. Ao longo deste capítulo e dos próximos, você descobrirá não apenas como a Inteligência Artificial está revolucionando o mundo, mas também como fazer dela uma fonte de inspiração bem como um suporte para gerar riqueza e impactar positivamente a sociedade.

Vamos continuar explorando não só como esta tecnologia molda o presente, mas também as vastas oportunidades que nos aguardam. É hora de nos armarmos com conhecimento e criatividade para navegar por esse novo território apaixonante.

A transição da Inteligência Artificial para as aplicações práticas que revolucionam nosso cotidiano não é meramente uma questão técnica, mas sim um verdadeiro movimento de base cultural. À medida que nos aprofundamos nas tecnologias que dão suporte à IA, encontramos ferramentas poderosas que vão muito além de programas e máquinas; elas são elos de uma nova corrente criativa.

O aprendizado de máquina, talvez uma das mais fascinantes vertentes da IA, funciona como um cérebro digital que aprende com dados. Imagine, por um momento, esse sistema como uma criança que, depois de ver muitos exemplos, começa a reconhecer padrões e a tomar decisões inteligentes por sua própria avaliação do contexto e informações adquiridas do exterior. No campo de negócios, por exemplo, o aprendizado de máquina pode analisar o comportamento do consumidor e prever tendências. Empresas estão utilizando-me para desenvolver campanhas personalizadas e dinâmicas, que se adaptam ao gosto e necessidades dos consumidores em tempo real, criando experiências únicas e memoráveis.

Não podemos esquecer o papel crucial do processamento de linguagem natural (PNL). Essa tecnologia permite que as máquinas compreendam e interajam com a linguagem humana de maneira mais natural. Pense em como você se sente ao conversar com um assistente virtual que parece entender suas seu pensamento, emoções e responder de forma sensível. Isso não apenas melhora a experiência do usuário em chatbots e assistentes pessoais, mas também abre portas para análises mais profundas sobre as ideias, desejos, sentimentos e reações do público. Dessa forma, a PNL permite que empresas e criadores de conteúdo se comuniquem de forma mais eficiente, identificando os insights que nos conectam através das relações sociais e comerciais.

A visão computacional, outro braço poderoso da IA, é a capacidade das máquinas de "ver" e interpretar o mundo observado. Desde a detecção de rostos em nossas fotos até a análise de imagens em plataformas de e-commerce, a visão computacional está repleta de implicações para o futuro. Imagine campanhas publicitárias personalizadas que se adaptam às interações visuais e às preferências dos consumidores. A aplicação dessa tecnologia não é apenas inovadora, mas essencial para um futuro de negócios que buscam maior envolvimento e conexão dos mercados e com o público.

Contudo, o que nos motiva a explorar essas tecnologias não é apenas sua funcionalidade técnica, mas a promessa de transformar ideias em realidades tangíveis. A interseção entre criatividade e tecnologia é onde a verdadeira magia acontece. Quando aplicamos as inovações oferecidas pela Inteligência Artificial, não estamos apenas criando produtos ou serviços; estamos moldando um novo ambiente onde nossa imaginação pode ser auxiliada a alcançar novos ganhos e prosperar.

Neste cenário, onde as ideias encontram a capacidade de realização através da IA, mais conquistas se torna possível. O potencial de criar um negócio de sucesso começa a se desenhar não somente com a vontade de empreender, mas também com a disposição de acolher a tecnologia como uma parceira certa, segura e fiel nessa jornada. Seja você um artista, um empresário ou alguém em busca de novas oportunidades, a IA é um recurso que pode ampliá-lo. A transformação que a IA promete não é abstrata, mas é um convite real para inovar, provocar mudanças e desafiar o convencional.

Neste livro, você encontrará narrativas inspiradoras, estudos de caso práticos e a herança das mentes que ousaram vislumbrar o que parecia distante. Estamos nos preparando para um futuro onde o digital e o humano coexistem, trazendo à tona a melhor versão de nós mesmos, aproveitando ao máximo a capacidade criativa que reside em cada um de nós.

Prepare-se, pois estamos apenas começando. O próximo passo nesta jornada incrível será desenhar, juntos, um panorama detalhado sobre como as tecnologias de IA estão redefinindo a base em que construímos nossas aspirações. É com entusiasmo que convido você a expandir seus horizontes e perceber como cada inovação tecnológica pode não só facilitar a vida, mas, principalmente, potencializar suas ideias e ações em direção a um futuro promissor. Vamos descobrir como a Inteligência Artificial pode ser o motor de riqueza e criatividade que você sempre desejou para sua vida e carreira.

A Interpretação da Criatividade em formato digital não é apenas uma questão técnica; é onde encontramos um novo ambiente de oportunidades e desafios. No cerne desse processo está a ideia de que o e-commerce, por exemplo, se torna um espaço não apenas de transações, mas de experiências personalizadas e significativas aos seus participantes. Ao integrar a Inteligência Artificial neste contexto, as plataformas de e-commerce estão se transformando em laboratórios de criatividade para os negócios de inúmeros mercados. Elas utilizam dados para não só compreender os interesses dos consumidores, mas também para se antecipar a eles, criando um ambiente onde cada visita pode se traduzir em uma experiência única e memorável.

O fluxo digital de informações permite uma análise constante dos comportamentos dos clientes. Em vez de esperar que a venda aconteça, o sistema pode prever o que o cliente poderá querer, sugerindo produtos que se alinham ao seu histórico de navegação e compras. Imagine fazer compras em um site que "sabe" o que você gostou tendo expressado por seleção, que sugere itens com base em suas preferências de estilo, faixa de preços ou até mesmo recomendando produtos novos que podem ser do seu agrado. Essa não é apenas uma técnica de vendas; é uma forma de estabelecer uma conexão verdadeira e íntima com cada consumidor.

Além disso, o uso de chatbots nos sites de e-commerce é um ótimo exemplo de como a IA pode enriquecer a experiência do cliente. Esses assistentes virtuais não apenas respondem a perguntas básicas, mas também estão se tornando cada vez mais sofisticados, reconhecendo preferências e ajustando suas respostas para atender melhor às necessidades dos usuários. Essa interação personalizada não só melhora a satisfação do cliente, mas ao se adequar também fortalece a lealdade à marca, criando um ciclo virtuoso de engajamento e retenção.

As tendências emergentes de personalização e engajamento dinâmico estão apenas começando. À medida que as tecnologias de IA evoluem, novas oportunidades surgirão para pequenos e grandes empresários que ousarem explorar a inovação e criatividade em seus modelos de negócio. Um exemplo prático é a integração de realidade aumentada (RA) com IA. Imaginemos uma plataforma de e-commerce que permita ao consumidor visualizar um móvel em sua própria casa através de um aplicativo. Isso, não só impulsiona as vendas, como também cria uma experiência divertida e de alto envolvimento para o cliente, levando a uma taxa de conversão significativamente maior.

Preparar-se para o futuro não envolve apenas a adoção das tecnologias mais recentes, mas também um compromisso com a inovação contínua. A capacidade de se adaptar a essas mudanças será fundamental para aqueles que desejam explorar as amplas oportunidades que a IA tem a oferecer. Cultivar um ambiente de experimentação dentro de sua empresa, onde os funcionários são incentivados a explorar novas ideias e a utilizar ferramentas de IA com frequência, se transformará na base do primoroso sucesso.

A criatividade, portanto, não deve ser vista como um dom raro, reservado a poucos. Com o suporte da IA, ela se torna uma capacidade acessível a todos. Cada empreendedor, artista ou criador de conteúdo pode aproveitar essa nova era, explorar formas não convencionais de fazer seus serviços, produtos, negócios e, o mais importante, impactar positivamente seus segmentos e suas comunidades. A força da criatividade assistida pela IA reflete a capacidade humana de inovação e adaptação, permitindo que ideias extraordinárias sejam moldadas em realidades palpáveis.

Vamos, ao longo deste capítulo e nos próximos, nos aprofundar em como a tecnologia não só acompanha, mas também impulsiona essa essencial transformação. À medida que desbravamos novas camadas da criatividade digital, será fundamental manter um espírito aberto e curioso, do espanto, tal qual os filósofos apontam, como o motor promissor para alcançar a sabedoria; prontos para abraçar o que está por vir. A jornada pela qual estamos prestes a aventurar pode levar a descobertas não só para o seu negócio, mas também para o futuro coletivo e criativo das atividades produtivas que podemos construir.

Neste capítulo crucial, construiremos as fundações para uma compreensão mais profunda do papel vibrante que a Inteligência Artificial desempenha na nossa criatividade potencial e no nosso universo de negócios. Desde a experiência do usuário em plataformas digitais até as relações sociais (afetivas, satisfação, conforto etc.) que construímos com nossos consumidores, cada aspecto será um reflexo de como a IA pode transformar não apenas o que fazemos, mas como o fazemos. É assim que começamos a delinear um futuro em que a colaboração entre humanos e máquinas redefinirá os limites do que é possível.

Capítulo 2: A Era da Criatividade Assistida

A Revolução da Criatividade

Se você pudesse imaginar um mundo onde a criatividade não tem limites, onde ideias fantásticas são estimuladas por tecnologias que entendem e impulsionam seu potencial, você estaria adentrando na fascinante era da criatividade assistida pela Inteligência Artificial. Neste novo panorama, a IA não é apenas uma ferramenta a serviço de ideias, mas um verdadeiro parceiro que transforma o modo como pensamos, idealizamos e concretizamos nossos projetos.

Vejamos, por exemplo, a trajetória de um artista que, em vez de criar isoladamente em seu estúdio, utiliza softwares de inteligência artificial que interpretam seu estilo pessoal e disponibilizam um conjunto de cores, formas e texturas que ele jamais teria imaginado. Ou pense em um escritor que, ao invés de se sentir paralisado frente a uma folha em branco, se vê inspirado pela análise de tendências de leitura feitas por algoritmos. A IA está abrindo as portas para novos processos criativos, permitindo que aqueles que se aventuram a usá-la tenham acesso a um universo de possibilidades.

O impacto dessa colaboração é surpreendente. Pensadores inovadores estão se concentrando em como a tecnologia pode complementar o talento humano, em vez de entrar em competição. É uma mudança de paradigma que está reformulando a percepção sobre o que significa ser criativo. Nesta nova aliança entre criatividade humana e aplicações ou máquinas inteligentes, o resultado é uma expansão que permite a criação de obras que são ao mesmo tempo originais e desafiadoras, misturando a sensibilidade humana com a generosidade da inteligência de aplicações e a força programada das máquinas.

Um exemplo inspirador é a utilização da IA na música. Compositores modernos têm recorrido a sistemas que analisam as estruturas e os timbres das canções populares, criando melodias que ressoam com o público. Cada vez mais, a música assistida pela IA revela uma mescla surpreendente entre o som do antigo e o frescor das novas combinações sonoras. Da mesma forma, nas artes visuais, experientes artistas estão trabalhando ao lado de algoritmos que oferecem novas formas de expressar suas visões, aumentando ainda mais a riqueza de suas criações.

A verdade é que esta era de criatividade assistida não se limita apenas aos domínios da arte. No mundo dos negócios, empreendedores estão implementando soluções tecnológicas que não apenas otimizam processos, mas que também estimulam a inovação em inúmeros níveis. As ideias estão se conectando de maneiras novas e intrigantes, permitindo soluções que são mais do que simples produtos — são experiências enriquecedoras que possuem o poder de afetar positivamente a vida das pessoas.

Para entender plenamente como esta revolução se desdobra, é vital que mergulhemos nas ferramentas disponíveis. Esta colaboração entre humanos e máquinas traz à tona uma série de recursos que podem ser utilizados para desbloquear novas facetas da criatividade. Por isso, ao longo deste capítulo, iremos explorar as incríveis ferramentas de IA que vão capacitar você a ver o mundo sob uma nova ótica, uma perspectiva onde a imaginação se supera e onde a inovação é o caminho que nos guia em direção ao futuro.

A criatividade assistida pela IA não é só uma tendência passageira; é uma realidade que já está transformando nossa interação enquanto indivíduos em sociedade e com o mundo. É hora de não apenas olhar para essa evolução, mas de também nos engajarmos ativamente, reconhecendo o potencial que reside em nossos próprios sonhos. Prepare-se para desbravar um universo onde a tecnologia e a criatividade caminham lado a lado, revelando uma nova verdade: o futuro criativo que aguardamos é construído com a ajuda dessa parceria preciosa entre humanos e Inteligência Artificial.

As ferramentas de criatividade assistida pela Inteligência Artificial estão mudando o cenário da criação, oferecendo aos usuários recursos inovadores que podem acelerar e enriquecer seus processos. Vamos começar a nossa jornada explorando algumas dessas ferramentas, que variam desde softwares que geram ideias até plataformas que organizam e executam projetos criativos.

Uma das ferramentas que ganhou destaque nos últimos anos é o Canva, que utiliza algoritmos de IA para facilitar o design gráfico. Com uma interface intuitiva, permite que usuários, mesmo aqueles sem experiência prévia, criem obras visuais atraentes. O Canva oferece sugestões baseadas nas preferências do usuário, além de integrar templates e elementos gráficos que podem ser personalizados. Por exemplo, ao desejar criar um post para redes sociais, o usuário pode escolher um template e o sistema sugere cores, fontes e imagens que estão em alta, garantindo que o resultado final seja cativante.

Outra ferramenta incrível é o Adobe Spark, que permite criar conteúdo de vídeo e imagens com a facilidade de arrastar e soltar. Essa plataforma também utiliza IA para sugerir layouts e otimizar as postagens para diferentes plataformas digitais. Imagine ter a capacidade de produzir vídeos atraentes para suas redes sociais ou para uma apresentação de negócios, tudo com a ajuda de um assistente digital que entende sua visão criativa.

Agora, vamos colocar em prática o uso de uma ferramenta. Escolha um gerador de ideias como o Ideanote, que tem como propósito auxiliar na criação de novos conceitos. Para começar, acesse a plataforma e faça seu login ou crie uma conta gratuita. Você encontrará um espaço onde pode inserir um tema ou área de interesse. Vamos supor que você deseja explorar ideias para um novo aplicativo. Insira "aplicativo de bem-estar" e, em poucos momentos, receberá sugestões que vão desde aplicativos de meditação até rastreadores de hábitos saudáveis.

Exemplos de Ferramentas de Inteligência Artificial

1 - Chat GPT4, CLAUDE.AI, GEMINI Bard (geração, conversações, modelos, respostas);

2 - SPEECHIFY (vocalizar leitura de texto);

3 - ARC SEARCH (busca);

4 - SNAPSEED (imagem);

5 - DUOLINGO (idiomas);

6 - COPILOT (texto, criação etc.)

7 - Pi.AI (assistente pessoal);

8 - Google Lens (busca por imagem);

9 - CAPCut (edição de vídeo);

10 - SOCRATIC (matemática);

11 - PERPLEXITY AI (busca, pesquisa e conversação);

12 - SWIFT KEYBOARD (teclado inteligente);

13 - DOLB ON (gravação de som, áudio);

14 - POE (tarefas, agentes AI);

15 - DESCRIPT (transição de vídeo);

16 - AUPHONIC (edição de vídeo);

17 - CHATPDF (pesquisa e tecnologia de AI para PDFs);

18 - REPLICATE (edição de imagem);

19 - ASSEMBLY AI (tradução, transcrição);

20 - GROK (notícias com AI);

21 - DIFY.AI (criação de Bots, agentes);

22 - OPUSCLIP (edição de vídeo);

23 - CHATHUB (testar LLMs);

24 - GAMMA (apresentações).

Hoje temos inúmeras ferramentas de AI no mercado, algumas ainda em versão gratuita, e tantas que surgem numa escalada fantástica de objetivos e com funções variadas, em um mercado fortemente promissor de desenvolvimento que utiliza a inovadora Generative Artificial Intelligence. Eis algumas dessas ferramentas mais conhecidas:

AIVA, Synthesia, Google Assistant, Runaway, Adobe Photoshop, Claude AI, StarrAI, Gemini, Chatbots, Meta AI, AI search, AI-powered recruitment, Dueto AI, Playgrounds AI, Grammarly, OpenAI API, Writer, Power Apps, Copy.ai, Glean, Elastic Search, WordAi, Otter.ai, Writesonic, Salesforce Service Cloud, Salesforce Sales Cloud, AlphaSense, Vertex AI, Credal, Gartner Research

Segundo a Gartner Research, as Ferramentas populares são:

Elastic Search, Grammarly, AlphaSense, Gemini, Salesforce Sales Cloud, OpenAI API, Salesforce Service Cloud, ServiceNow Now Platform

Comparando as ferramentas populares

GitHub Copilot vs OpenAI API

Claude vs OpenAI API

Claude vs GitHub Copilot

Grammarly vs OpenAI API

GitHub Copilot vs Vertex AI

Claude vs Jasper

Claude vs Vertex AI

Grammarly vs Writer

Após gerar algumas ideias, faça uma lista das sugestões que mais chamaram sua atenção. Selecione uma delas e desenvolva uma breve descrição do que este aplicativo faria, quais problemas resolveria e como se diferenciaria de outros já existentes. Essa prática de brainstorming não apenas ativa sua criatividade, mas também ajuda a organizar seus pensamentos, fazendo com que você avance em seu projeto de forma estruturada.

Ao utilizar essas ferramentas, algo importante deve ser mencionado: o impacto positivo que elas trazem na rotina de trabalho. Muitas vezes, tarefas repetitivas ou burocráticas consomem uma parte significativa do nosso tempo e energia. Com a automação proporcionada pela IA, essas atividades, muitas vezes tediosas, podem ser concluídas mais rapidamente, liberando espaço para que nos concentremos em pensar e criar. Por exemplo, imagine que você é um escritor. A IA pode ajudá-lo a organizar suas referências, editar seu texto e até sugerir novas direções narrativas, permitindo que você redirecione seu foco para produzir um conteúdo mais profundo e significativo.

O uso dessas ferramentas também democratiza o acesso à criatividade. Indivíduos que, de outra forma, poderiam se sentir intimidados pela tecnologia agora têm acesso a plataformas que os capacitam a elaborar e inovar. Da saúde mental ao marketing, de pequenas empresas a grandes corporações, as possibilidades são muitas. Essa inclusão cria um ambiente em que a inovação se torna acessível a quem se dedicar à tarefa de conhecer as tecnologias de IA disponíveis, independentemente de suas habilidades técnicas.

Concluindo, ao explorarmos e integrarmos ferramentas de criatividade assistida pela IA, não apenas ampliamos nossas habilidades individuais, mas também fomentamos um espaço colaborativo onde a tecnologia e a criatividade coexistem. Essa integração é um símbolo da nova era que estamos vivenciando, onde as ideias não só ganham vida, mas também se transformam em realidades inspiradoras, tudo com um toque da inovação que a Inteligência Artificial traz à nossa jornada criativa. Prepare-se, pois seguir adiante nessa exploração será uma experiência enriquecedora e surpreendente, onde a mudança inovadora se encontra em cada esquina. Vamos juntos desvendar mais sobre a colaboração criativa entre humanos e IA!

A verdadeira inovação da colaboração criativa entre humanos e IA está se desdobrando diante de nossos olhos, e é um fenômeno que transcende a mera aplicação técnica da tecnologia. Quando artistas, músicos e designers se unem à Inteligência Artificial, algo extraordinário acontece: um espaço onde a originalidade e a inovação podem florescer como nunca antes visto. Vamos explorar algumas dessas histórias inspiradoras, que não apenas ilustram essa sinergia, mas também mostram como a IA pode servir como um catalisador para a potencial criatividade.

Um ótimo exemplo desse tipo de colaboração é encontrado no mundo da música. Vários compositores contemporâneos têm se aproveitado de sistemas de IA que analisam imensos bancos de dados de música para criar melodias e harmonias. Imagine um compositor que, ao parar diante de uma partitura iniciada, recebe sugestões de uma inteligência que entende a sua criação preenchendo com os ritmos mais cativantes e as estruturas melódicas que fazem sucesso. Essa parceria permite que o compositor foque na essência da sua pulsão criativa do que deseja realizar, enquanto a IA se ocupa dos detalhes técnicos. O resultado é uma nova forma de arte que mistura a sensibilidade humana com a precisão matemática da tecnologia.

Além do campo musical, a IA também está revolucionando o design gráfico. Projetos que antes exigiam um investimento intenso de tempo e recursos agora podem contar com a colaboração direta de plataformas que utilizam algoritmos para propor estéticas únicas. A oportunidade de utilizar softwares que entendem suas preferências e criam sugestões visuais que podem surpreender ao mais experiente designer, por exemplo, ao entrar em um aplicativo que sugere gama de cores e layouts baseados em tendências atuais; esse tipo de ferramenta não só poupa tempo de pesquisa como também estimula a criatividade cristalizada, permitindo que o designer experimente novas linguagens visuais de forma fluida e intuitiva.

Esse fenômeno de colaboração se estende ainda mais ao mundo empresarial. Empreendedores estão adotando tecnologias que analisam dados de consumidores e apresentam insights benéficos para a criação de campanhas publicitárias e estratégias de marketing. A IA, ao perceber padrões de comportamento de compra ou preferências em redes sociais, pode ajudar a elaborar campanhas que se conectam de maneira mais significativa com o público. Essa interação não apenas melhora os resultados de venda, mas também eleva a experiência do consumidor, criando um ciclo virtuoso de inovação e conjunção produtiva.

No entanto, junto com os benefícios dessa colaboração criativa, surgem questões éticas que não podemos ignorar. Quando utilizamos ferramentas automatizadas, o que realmente significa ser criativo? A originalidade pode ser desafiada quando se depende de algoritmos para sugerir ideias. A discussão sobre a autoria e a propriedade das obras criadas em parceria com a IA se torna um tema crucial. Precisamos refletir sobre como definir a linha entre a inspiração e a cópia, garantindo que a presença da IA enriqueça a experiência criativa sem desmerecer a contribuição humana.

Nesse contexto, a colaboração entre humanos e IA não só transforma como a criatividade é expressa no estado da arte concebida e finalizada, mas também os setores de marketing e publicidade, jornalismo, educação e até pesquisa científica. Esses campos experimentam uma revolução à medida que as ideias são refinadas e expandidas com a ajuda da IA produzindo soluções diferenciadas, inovadoras, que provocam mudanças significativas em várias esferas.

Portanto, vamos estimular essa reflexão conjunta. O que há de fascinante na colaboração com a Inteligência Artificial? Como esse modelo de trabalho em equipe pode influenciar não apenas os criadores, mas também indústrias inteiras? À medida que reconhecemos o valor dessa parceria, tornam-se cada vez mais claras as vastas portas que se abrem diante de nós em busca de novas ideias e cocriações. Convidamos você a considerar a natureza dessa colaboração e a explorar como as armas da criatividade são potenciadas pela IA contribuindo para um futuro em que a arte, o design e a inovação estão em constante diálogo. E acima de tudo, entrelaçar essa narrativa com nosso próprio desejo de criar torna-se não apenas uma necessidade, mas um convite a fazer parte dessa nova era vibrante.

O futuro da criatividade com Inteligência Artificial se revela como um famoso horizonte repleto de possibilidades intrigantes. Imagine um mundo em que a máquina não apenas executa tarefas, mas também estimula ideias, fomenta a inovação e interage de forma criativa conosco. O potencial que a IA traz para a próxima geração de criadores e empreendedores é monumental, e suas aplicações continuam a se expandir em um ritmo acelerado.

Vivemos em uma era onde o pensamento criativo e a tecnologia se entrelaçam de maneiras nunca vistas. A previsão é que, nos próximos anos, as ferramentas de IA se tornem ainda mais sofisticadas, capazes de aprender com as interações humanas e melhorar continuamente suas sugestões e funcionalidades. Isso significa que criadores de todos os setores, desde o da arte até o da ciência, poderão contar com assistentes digitais que não apenas acompanham suas decisões, mas que também oferecem insights valiosos, ajudando a moldar a visão de um projeto.

Por exemplo, em breve, é muito provável que vejamos sistemas de IA que compreendam as nuances de um estilo artístico ou as preferências literárias de um autor com um nível de sensibilidade quase humano. Esses assistentes poderão fazer recomendações personalizadas não apenas com base em dados anteriores, mas também levando em conta a evolução das tendências e a emoção que permeia o processo criativo. Imagine estar em colaboração com uma IA que não só sugere elementos visuais ou narrativas, mas que, de certa forma, se torna um cocriador, refletindo suas intenções e emoções em suas propostas.

A adaptabilidade será a chave para prosperar neste novo contexto. Aqueles que abraçarem a mudança e estiverem dispostos a aprender continuamente as novas ferramentas e técnicas da IA estarão significativamente à frente. É vital que criadores e empreendedores desenvolvam uma mentalidade de crescimento — uma que celebra a experimentação, a descoberta e a flexibilidade. À medida que tecnologias emergentes surgem, como interfaces de fala que entendem emoções humanas ou criando obras de arte que respondem ao feedback do público em tempo real, a capacidade de se adaptar e aprender será mais importante do que nunca.

Além disso, estamos à beira de encontrar formas inovadoras de monetização que surgem dessa parceria. A venda de produtos criados em colaboração com IA, o licenciamento de ideias personalizadas e até mesmo plataformas que permitem a cocriação em massa com os consumidores são apenas algumas das possibilidades que estão emergindo. O conceito de "dono da criação" está se transformando em "cocriador", onde a audiência se torna parte integrante do processo criativo, enriquecendo a experiência e a mensagem de cada obra.

Contudo, com todo esse potencial vêm também responsabilidades. É fundamental que os criadores reflitam sobre a ética de seus relacionamentos com a IA. Questões sobre privacidade, autoria e o impacto das decisões automatizadas na sociedade são tópicos que merecem uma discussão aprofundada. Como garantir que as vozes humanas não se percam em um mar de algoritmos e dados? Como proteger o valor da criatividade genuína em meio a um sistema que, às vezes, pode parecer dominado pela máquina? Cada um de nós, como criadores e consumidores, têm um papel vital a desempenhar nesta conversa.

Concluímos este segmento olhando para um futuro vibrante e emocionante, onde a criatividade não é apenas um dom, mas uma capacidade dinâmica que se alimenta de colaboração. Ao abraçarmos as transformações trazidas pela Inteligência Artificial, fazemos mais do que simplesmente moldar nosso trabalho; estamos moldando o futuro da expressão humana. Convido você a explorar essas novas oportunidades, a desafiar suas ideias preconcebidas sobre criatividade e a considerar como pode integrar essas possibilidades em sua própria jornada. O futuro já chegou, e sua criatividade pode brilhar mais intensamente com a IA a seu lado.

Capítulo 3: Ideia 1 - E-commerce Inteligente

Ao adentrarmos o universo do e-commerce inteligente, somos convidados a refletir sobre a transformação que a Inteligência Artificial traz para o comércio eletrônico. A definição de e-commerce inteligente vai além de simplesmente transações pela internet; trata-se de uma revolução na forma como compramos e vendemos, introduzindo um novo nível de personalização e eficiência que antes parecia inalcançável. Com ferramentas avançadas e algoritmos sofisticados, as empresas estão moldando uma experiência de compra que é não apenas mais envolvente, mas também extremamente lucrativa.

Imagine entrar em um site de e-commerce e ser recebido não apenas por um catálogo impessoal, mas por uma interface que já conhece suas preferências, lembrando-se de suas compras anteriores e sugerindo produtos que você realmente gostaria de experimentar. Essa é a beleza do e-commerce inteligente; uma experiência feita sob medida, filtrando as opções vastas da internet e apresentando aquilo que realmente parece relevante para você. Nesse cenário, a Inteligência Artificial se destaca como o motor intermediador que permite essa conexão íntima entre o consumidor e o vendedor.

Uma das grandes vantagens competitivas que a IA oferece neste setor é a capacidade de entender o comportamento do cliente de forma profunda e precisa. Por meio da análise de dados, os algoritmos conseguem prever tendências de consumo, se antecipando ao que os compradores desejam antes mesmo de falarem. Isso não só otimiza a experiência do cliente, mas também maximiza as oportunidades de vendas. Por exemplo, um cliente que frequentemente compra produtos de beleza pode receber sugestões de novos lançamentos assim que eles aparecem no mercado, aumentando a chance de conversão. Essa personalização efetiva transforma cada visita ao e-commerce em uma oportunidade valiosa.

Além disso, ao utilizarmos algoritmos de recomendação, o e-commerce inteligente não se limita a oferecer produtos, mas sim soluções personalizadas. Imagine uma loja de roupas que, ao analisar o histórico de compras de um usuário, sugere não apenas camisetas, mas também combinações de looks, complementos e acessórios, criando uma experiência de compra holística. Esse modelo não só proporciona valor ao cliente, que se sente compreendido, mas também impulsiona o ticket médio das vendas, refletindo diretamente nos lucros da empresa.

Com o crescimento dessa personalização, a segmentação de mercado se torna ainda mais crucial. Segmentos de consumidores podem variar enormemente em suas preferências e comportamentos, e a possibilidade de customizar campanhas publicitárias com base em dados demográficos e de compra é um verdadeiro divisor de águas. Campanhas que antes eram abrangentes e pouco eficazes agora se tornam direcionadas e intimistas, levando a uma conversão significativamente maior.

À medida que avançamos, é pertinente destacar também a otimização de estoques e a logística que a IA proporciona. Com a previsão de demanda e algoritmos que analisam padrões de compra em tempo real, as empresas podem antecipar a necessidade de produtos e planejar seus estoques de maneira escalável e eficiente. Isso evita os contratempos comuns de excessos, que resultam em custos desnecessários, e faltas, que podem levar à perda de vendas e clientes. Uma gestão de estoque ágil é um dos pilares de um e-commerce inteligente, permitindo que as empresas operem com precisão e segurança.

Empresas que já estão amparadas pela Inteligência Artificial estão colhendo os frutos dessa transformação. Um exemplo notável é a gigante Amazon, que utiliza algoritmos para prever quais produtos podem se tornar populares, ajustando seus estoques e suas ofertas em tempo real. Outra empresa exemplificativa é a Zara, que emprega tecnologias de machine learning para monitorar tendências de moda e adaptar sua oferta em tempo real, garantindo que suas lojas estejam sempre alinhadas com o que os consumidores desejam.

Para os empreendedores que desejam dar seus primeiros passos no mundo do e-commerce inteligente, é importante compreender as ferramentas disponíveis e como utilizá-las para maximizar o potencial do seu negócio. Desde plataformas de e-commerce como Shopify, que já incorporam funcionalidades de IA, até softwares de gerenciamento de dados que oferecem análises profundas do comportamento do consumidor, o caminho está repleto de oportunidades.

Encerramos essa seção com uma reflexão: o que o futuro do e-commerce inteligente nos reserva? Enquanto a IA continua a evoluir e se integrar em todos os aspectos do comércio eletrônico, novos modelos de negócios e formas de interação estão surgindo. O chamado para ação é claro: abra sua mente para a inovação, pois o futuro não é um destino, mas sim uma jornada repleta de descobertas emocionantes.

Ao seguirmos juntos por este caminho, lembre-se de que a utilização da Inteligência Artificial no e-commerce inteligente não é apenas uma questão de tecnologia, mas de humanização do processo de compra. É sobre entender e valorizar a experiência do cliente, proporcionando um atendimento que identifica, antecipa e satisfaz as necessidades de cada consumidor. A cada passo dado, estamos moldando um comércio mais inteligente e conectado, onde as possibilidades são, verdadeiramente, escaláveis.

Aproximando-se cada vez mais do conceito de e-commerce inteligente, é essencial ressaltar a habilidade da Inteligência Artificial em transformar dados em insights valiosos, que impactam diretamente a experiência do consumidor. Muitas empresas têm empregado algoritmos que não apenas analisam o comportamento de compra, mas também miram na construção de perfis detalhados de consumidores. Esses perfis, em suas diversas camadas, revelam preferências, tendências de consumo e até emoções, permitindo que os proprietários de lojas virtuais entendam melhor seus clientes em um nível mais profundo do que nunca.

Imagine um site de moda que através de um algoritmo inteligente analisa não só os produtos que um usuário visualiza, mas também o tempo que ele passa em cada item e as interações que faz. A partir disso, a plataforma pode, por exemplo, fazer sugestões personalizadas que abrangem desde looks completos até ofertas especiais que se alinham ao gosto específico daquele consumidor. Essa fórmula não só eleva o índice de conversão como também cultiva uma relação de fidelidade e conexão emocional com o cliente.

A técnica da segmentação de mercado ganha nova dimensão. A segmentação não se resume mais apenas a dados demográficos, mas integra fatores como comportamentos de navegação, histórico de compras e interesses expressos e até valores. Essa coleta e análise de dados transformam campanhas publicitárias em experiências personalizadas que alinham produtos aos valores e desejos do cliente. Por exemplo, um usuário que é apaixonado por produtos sustentáveis receberá promoções de itens ecológicos, enquanto outro pode ser direcionado a itens de luxo que combinam com seu padrão de consumo. É mais do que uma simples propaganda; trata-se de uma abordagem que mostra que a empresa se importa com o que o consumidor realmente busca.

Além da personalização, o papel da IA na otimização logística se torna imperativo em um ambiente de e-commerce que nunca dorme. A capacidade de prever demandas, tão crítica para o sucesso, é presa fácil para máquinas que analisam variáveis como as sazonalidades, tendências de mercado e até eventos externos que podem afetar as vendas. Empresas que utilizam previsão de estoque baseada em IA experimentam reduções significativas nos custos operacionais, enquanto melhoram o atendimento ao cliente ao garantir que os produtos estejam sempre disponíveis. Pense em uma empresa de eletrônicos que consegue prever o aumento na demanda por um novo modelo de celular. Com isso, ela se prepara antecipadamente, evitando faltas no estoque e garantindo uma experiência fluida para os consumidores.

O que torna essa era ainda mais fascinante é a maneira como as empresas se adaptam e inovam constantemente. As histórias de companhias que começaram pequenas, alavancando suas operações com a ajuda de IA, estão se tornando comuns. Uma startup focada no comércio de acessórios sustentáveis, por exemplo, pode usar algoritmos para identificar quais produtos eco-friendly ganham popularidade em redes sociais, otimizando sua linha de produtos por essa informação preditiva. Esse ciclo contínuo de aprendizado molda não apenas o que as marcas vendem, mas também como elas se posicionam no mercado.

E ao olharmos para o futuro, não é difícil imaginar onde tudo isso pode nos levar. As ferramentas e tecnologias estão evoluindo a um ritmo tão rápido, abrindo oportunidades que antes considerávamos impossíveis. O surgimento de chatbots mais humanos, por exemplo, que não apenas lidam com questões dos consumidores, mas também se envolvem pessoalmente nas interações, traz um novo nível à experiência de compra online. Essa evolução na inteligência conversacional pode fazer a diferença entre um cliente satisfeito e um cliente fiel.

Portanto, adentrar o universo do e-commerce inteligente é mais do que uma adaptação às novas tecnologias; é uma reavaliação do relacionamento entre marcas e consumidores. À medida que avançamos neste capítulo, é vital que os empreendedores se armem com o conhecimento necessário para aproveitar essas inovações. O futuro do comércio eletrônico se desdobra diante de nós, promissor e repleto de oportunidades. A Inteligência Artificial não é só uma ferramenta — é um aliado poderoso na jornada de construção de experiências de compra que não apenas vendem, mas também encantam. Quando os humanos se unem às AI nesse novo cenário, o resultado é um comércio que reconhece e valoriza cada cliente como um indivíduo único, capaz de moldar o futuro da experiência de compra.

A otimização de estoques e logística se tornou um dos pilares fundamentais do e-commerce inteligente. No mundo acelerado do comércio atual, onde a eficiência e a experiência do cliente são decisivas, as empresas têm buscado cada vez mais soluções que possam prever a demanda com precisão e ajustar seus estoques de forma inteligente. Aqui, a Inteligência Artificial revela todo seu potencial, permitindo que as empresas não apenas respondam às necessidades dos clientes, mas também superem suas expectativas.

Um dos aspectos mais fascinantes dessa transformação é a capacidade da IA de analisar grandes volumes de dados em tempo real. Isso significa que empresas podem prever variações na demanda com base em fatores como sazonalidade, comportamento histórico de compra e até mesmo eventos imprevistos, como o lançamento de um novo produto ou mudanças nas tendências de mercado. Por exemplo, imagine uma loja de e-commerce especializada em produtos de verão. Com a análise preditiva, essa loja pode identificar, meses antes da alta demanda por itens como palmeiras e roupas de banho, a necessidade de reforçar seu estoque, evitando assim a perda de vendas que ocorre com produtos esgotados.

Além da previsão de demanda, a IA também permite que as empresas ajustem sua logística de distribuição. Plataformas de transporte podem utilizar algoritmos para otimizar as rotas de entrega, minimizando custos e melhorando o tempo de resposta. Um exemplo prático disso é uma empresa de eletrônicos que utiliza IA para determinar a melhor forma de distribuir seus gadgets para as várias regiões do país. Com isso, consegue entregar os produtos mais rapidamente, aumentando a satisfação do cliente e consolidando sua posição de mercado.

Outro aspecto a considerar é a integração da tecnologia de machine learning com a automação de estoque. Sistemas de gerenciamento inteligente de armazéns estão se tornando mais comuns. Eles não apenas mantêm um registro de entradas e saídas de produtos, mas também ajustam suas operações com base na análise em tempo real de dados de vendas. Isso significa que, conforme o estoque de um item começa a diminuir, o sistema faz novos pedidos automaticamente, garantindo que os produtos estão sempre disponíveis para atender a demanda. Um caso emblemático é o da gigante Walmart, que investe pesadamente em tecnologia de IA para manter sua agilidade em um mercado competitivo, permitindo que seus armazéns sejam reabastecidos com a eficiência que o consumidor moderno exige.

Sob uma perspectiva mais ampla, a implementação da IA na otimização de estoques e logística gera um impacto direto não só na lucratividade das operações, mas também na sustentabilidade da empresa. A redução na superprodução significa menos desperdício e redução de custos operacionais, alavancando modelos de negócios que são tanto lucrativos quanto conscientes em relação ao meio ambiente.

Para os novos empreendedores que desejam se aventurar no e-commerce inteligente, entender como aplicar essas tecnologias é crucial. Existem diversas ferramentas acessíveis no mercado que ajudam a integrar soluções de IA em seus negócios. Plataformas como o Shopify já incorporam recursos de previsão de demanda e gerenciamento de estoque, facilitando a adoção dessa tecnologia, mesmo para aqueles sem conhecimento técnico.

À medida que avançamos, é intrigante imaginar o futuro que a integração da IA pode proporcionar no e-commerce. Estamos em meio a uma transformação que redefinirá o conceito de atendimento ao cliente, onde cada interação será personalizada e dinâmica em sua adaptabilidade. As empresas que adotarem esse caminho não só se destacarão na competitividade, mas também criarão relações duradouras com seus consumidores, cultivando uma base fidelizada que reconhecerá o valor da inovação e da excelência no serviço.

Adentrar no mundo do e-commerce inteligente com o auxílio da Inteligência Artificial é não apenas uma oportunidade, mas uma exigência diante das demandas crescentes dos consumidores contemporâneos. Encerramos essa seção com um convite à reflexão: como a sua visão de negócio pode ser transformada por essa tecnologia disruptiva? O futuro está ao seu alcance, e ele está pulsando de oportunidades que estão prestes a serem exploradas.

A exploração de como a Inteligência Artificial (IA) está transformando o ecossistema do e-commerce não se limita apenas às funcionalidades já discutidas. Agora, vamos mergulhar na prática, examinando estudos de caso reais que iluminam o caminho para o sucesso e oferecem insights valiosos para empreendedores que desejam adotar essa tecnologia inovadora em seus negócios.

Exemplos de destaque são as plataformas Nuvemshop e a Shopify, de e-commerce, que integram ferramentas de IA em seus sistemas, proporcionando a pequenos empresários a possibilidade de competir com gigantes do varejo. Ao incorporar algoritmos de personalização e análise de comportamento do consumidor, permite que os empreendedores adaptem suas ofertas de acordo com as preferências individuais de seus clientes. Campanhas de marketing são agora otimizadas de forma automática e as recomendações de produtos acontecem em tempo real, criando uma experiência de compra envolvente e intuitiva. Essa abordagem não só aumentou as taxas de conversão, mas também elevou a lealdade à marca, já que os clientes sentem que suas escolhas são cuidadosamente consideradas.

Outro caso notável é o da gigante de moda online Zalando. Em sua busca por inovar constantemente, a Zalando adotou a IA para prever tendências e analisar dados de seus usuários para identificar quais produtos fazer o despacho. Utilizando machine learning, a empresa analisou milhões de transações para entender não apenas as preferências de estilo dos clientes, mas também o que pode se tornar popular em futuras temporadas. Esse modelo preditivo ajudou a elevar a eficiência na gestão de estoques, minimizando custos com estoque excessivo e maximizando a disponibilidade dos produtos certos no momento certo.

Para os empreendedores que desejam iniciar um negócio de e-commerce inteligente, algumas dicas práticas podem facilitar essa jornada. Primeiro, é fundamental investir em uma plataforma de e-commerce que já possua integração com ferramentas de IA. Além disso, esteja sempre atento às análises de dados e métricas de desempenho do seu site. Ferramentas como Google Analytics oferecem uma visão aprofundada sobre o comportamento dos visitantes, permitindo ajustes rápidos e informados nas estratégias de marketing.

Outra recomendação é adotar uma mentalidade de feedback contínuo. Isso pode ser feito através de revisões regulares das campanhas publicitárias e interações com os clientes. O uso de *surveys* e questionários pode revelar informações valiosas sobre a experiência do usuário, contribuindo para um ciclo de melhoria constante.

Concluindo, ao olharmos para o futuro do e-commerce com a integração da IA, as oportunidades estão se expandindo de maneira inovadora. Estamos diante de um cenário onde a customização e a eficiência serão palavras-chave para o sucesso. A IA não é apenas uma promessa de melhoria, mas uma ferramenta que já está deixando marcas profundas no comércio eletrônico. Ao adotar essa prática, os empreendedores estarão não só preparando seus negócios para o presente, mas também posicionando-se à frente em um futuro repleto de possibilidades. Portanto, abrace a inovação, explore as ferramentas de IA disponíveis e descubra como você pode fazer parte dessa revolução no comércio online. O futuro é brilhante para aqueles que se dispõem a transformar a visão em realidade.

Capítulo 4: Ideia 2 - A Revolução dos Chatbots

À medida que a tecnologia avança, surge uma nova geração de assistentes virtuais que têm revolucionado a forma como interagimos com o mundo digital. Os chatbots, esses robôs de conversa que muitas vezes pensamos ser meros sistemas de respostas automáticas, estão se transformando em verdadeiras inteligências conversacionais. Essa evolução não é apenas técnica; é um profundo reflexo de como as empresas podem se conectar de forma mais significativa com seus clientes.

Os chatbots têm suas raízes em sistemas simples que respondem a comandos básicos. Contudo, a tecnologia avançou a passos largos, e hoje vivemos a era dos assistentes virtuais que falam nossa língua, compreendem nosso contexto e oferecem soluções personalizadas. Se havia resistência que as interações humanas no atendimento ao cliente eram insubstituíveis, parecemos irremediavelmente surpresos ao ver como os chatbots conseguem, com eficiência, converter conversas em experiências envolventes e de alta relevância.

Um aspecto fascinante dessa revolução é a extensão das funcionalidades dos chatbots. Hoje, temos disponíveis desde simples assistentes que ajudam a navegar em sites, até sofisticadas inteligências artificiais que conseguem entender e reagir às emoções humanas. Essa versatilidade é uma das chaves do seu sucesso. Imagine, por exemplo, estar em um site de e-commerce e ser saudado por um chatbot que sabe exatamente o que você procura, apresentando recomendações baseadas não apenas em suas compras anteriores, mas também nas tendências atuais do mercado. Essa experiência transforma a interação, tornando-a não apenas prática, mas também memorável e agradável.

A diferenciação entre os tipos de chatbots é fundamental para entendermos seu impacto no negócio. Os chatbots baseados em regras seguem um fluxo de conversa limitado, dependendo de comandos específicos e respostas pré-programadas. Porém, aqueles alimentados por Inteligência Artificial utilizam machine learning para compreender melhor as nuances da linguagem natural e aprender com cada interação. Essa mudança não só aprimora a eficiência no atendimento, mas também garante uma experiência mais personalizada, onde os usuários se sentem genuinamente ouvidos e valorizados.

Ainda que a automação traga muitas vantagens, é crucial compreender o papel dos chatbots não como substitutos do contato humano, mas como complementos. Eles se inserem no cotidiano das empresas como facilitadores de uma comunicação mais fluida, oferecendo respostas rápidas enquanto liberam a equipe humana para se concentrar em situações mais complexas e delicadas. Assim, a tecnologia não elimina o toque humano; pelo contrário, eleva o padrão do atendimento.

Nesse novo paradigma, as empresas têm à sua disposição dados valiosos trazidos pelas interações com os chatbots. Com a análise dessas conversas, é possível identificar padrões, preferências e feedbacks diretos dos usuários, fornecendo insights preciosos. Imagine a riqueza de informações que uma empresa pode obter ao entender o que seus clientes estão realmente buscando, qual é o conteúdo que desperta seu interesse e como estão reagindo a diferentes ofertas. Essa análise não só informa estratégias de marketing, mas também impulsiona melhorias no produto e no serviço.

Nos próximos blocos deste capítulo, aprofundaremos mais nos benefícios práticos da implementação de chatbots, explorando casos de sucesso que mostram o poder dessa tecnologia na construção de relacionamentos duradouros entre as marcas e seus consumidores. Prepare-se para descobrir como essa ferramenta fascinante pode não apenas otimizar processos, mas também criar conexões emocionais profundas, redefinindo a experiência do cliente. A revolução dos chatbots está apenas começando, e ao nos unirmos a essa transformação, temos a oportunidade de moldar um futuro mais interativo e humano na comunicação entre empresas e clientes.

Os benefícios da implementação de chatbots vão muito além da simples automação. Estamos diante de uma transformação que redefine a interação entre empresas e consumidores. Quando falamos sobre eficiência, qualidade no atendimento e custo-benefício, não estamos apenas enaltecendo uma nova ferramenta, mas reconhecendo uma mudança de paradigma no relacionamento corporativo.

O que torna os chatbots verdadeiros aliados das empresas é a capacidade de operar 24 horas por dia, sete dias por semana, sem a necessidade de pausa. Isso garante que os clientes possam obter as informações que procuram a qualquer momento, eliminando frustrações comuns nos tradicionais atendimentos humanos, que muitas vezes enfrentam limitações de horários e disponibilidade. Não seria maravilhoso visitar um site à meia-noite e ainda receber ajuda instantânea para resolver uma dúvida ou concluir uma compra? Essa conveniência se traduz diretamente em uma experiência do cliente superior e, consequentemente, em um aumento nas taxas de conversão.

Por falar em conversão, um estudo da empresas líderes de mercado aponta que a utilização de chatbots para atender clientes pode aumentar a taxa de conversão em até 30%. Isso se deve, parcialmente, à capacidade de oferecer produtos e serviços com base em interações em tempo real. Imagine um cliente interessado em ferramentas de jardinagem que, ao enviar uma simples pergunta ao chatbot, é rapidamente orientado a uma seleção de best-sellers promocionais que atenderiam suas necessidades. Essa abordagem direcional não apenas ajuda o consumidor a encontrar exatamente o que procura, mas também cria um ambiente de compra mais engajante, onde suas necessidades são identificadas e atendidas de forma quase intuitiva.

Outro ponto relevante diz respeito à redução de custos operacionais. Manter uma equipe de atendimento disponível a todo momento pode ser financeiramente desafiador, especialmente para pequenas e médias empresas. Os chatbots, no entanto, permitem que as empresas economizem recursos, permitindo que a equipe humana se concentre em tarefas mais complexas e estratégicas. O tempo que os colaboradores economizam pode ser valorizado em outras áreas, maximizando a eficiência organizacional. Para ilustrar, pense em um negócio que antes necessitava de números significativos de atendentes, agora conseguindo atender uma quantidade expressiva de clientes com um ou dois chatbots muito bem treinados. Essa revolução na eficiência faz da automação uma escolha extremamente atraente e pragmática.

A melhoria na satisfação do cliente é certamente um dos resultados mais valiosos da implementação de chatbots. Clientes satisfeitos são muito mais propensos a retornar e a recomendar o serviço a outras pessoas. Quando o atendimento é imediato, perspicaz e relevante, a chance de se criar uma fidelidade para com a marca aumenta exponencialmente. Ao final de uma interação positiva com o chatbot, um cliente pode se sentir não apenas atendido, mas também apreciado. Isso é especialmente importante em um mundo em que a competição é acirrada e as opções à disposição dos consumidores são quase infinitas.

Além disso, a análise de dados gerada pelas conversas dos chatbots fornece uma rica fonte de insights que podem direcionar estratégias futuras. Esses dados permitem que as empresas compreendam as preferências e comportamentos dos clientes, levando a um marketing mais personalizado e eficiente. Ao entender quais perguntas são feitas com mais frequência ou quais produtos geram mais interesse, os negócios podem ajustar ofertas e campanhas, criando conteúdo que ressoe mais profundamente com seu público-alvo.

À medida que avançamos nesta era digital, a transformação promovida pelos chatbots não só representa uma oportunidade única de inovar no atendimento ao cliente, mas também oferece uma chance inestimável de evolução contínua nas relações comerciais. Ao olharmos para as empresas que já avançaram em suas implementações, vemos que a verdadeira espinha dorsal da tecnologia não é apenas a automação, mas sim a capacidade de entender, engajar e manter um diálogo contínuo com os clientes. A cada interação, uma nova oportunidade se revela, e é essa essência que posiciona os chatbots como aliados indispensáveis na construção de um relacionamento mais forte e significativo entre marcas e consumidores.

Conforme avançamos para os próximos blocos deste capítulo, nossos olhares se voltarão para casos concretos que exemplificam o sucesso dessa revolução. Histórias inspiradoras e práticas de mercado tangíveis mostrarão como a adoção de chatbots pode ser um divisor de águas. Prepare-se para mergulhar nas experiências de marcas que não só abraçaram a tecnologia, mas que também reinventaram suas relações com os clientes de maneira memorável. Essa transformação está apenas começando, e a sua empresa pode ser a próxima a colher os frutos dessa revolução.

A implementação de chatbots nas empresas não é simplesmente uma questão de adotar uma nova ferramenta tecnológica; é uma transformação profunda na maneira como as marcas se conectam com os consumidores. O verdadeiro potencial dos chatbots se revela quando olhamos para exemplos de empresas que, ao integrá-los em suas operações, alteraram radicalmente não apenas seu atendimento, mas a experiência geral do cliente.

Um caso emblemático é a Sephora, a renomada marca de cosméticos, que adotou um chatbot para oferecer recomendações personalizadas de produtos aos seus clientes. Ao interagir com o chatbot, o consumidor tem a oportunidade de descrever suas preferências de beleza. O sistema, impactado por algoritmos de aprendizado profundo, é capaz de oferecer sugestões de produtos que vão além das vendas diretas, promovendo um verdadeiro engajamento. Isso não apenas gera vendas, mas também ajuda a construir um relacionamento contínuo, onde o cliente se sente valorizado e ouvido.

Similarmente, a H&M utilizou chatbots para aprimorar suas campanhas promocionais. Por meio de interações dinâmicas, os usuários recebem dicas de estilo, sugestões de combinação de roupas e até informações sobre novas coleções. O diferencial está em criar uma experiência que parece pessoal e envolvente, como se o cliente estivesse consultando um estilista de confiança. As taxas de conversão para essas campanhas dispararam, demonstrando que a personalização impulsionada pela IA pode ser um verdadeiro divisor de águas para marcas no competitivo universo da moda.

Além do atendimento ao cliente e das vendas, os chatbots têm encontrado aplicações práticas em uma variedade de funções empresariais. Por exemplo, inúmeras empresas usam esses assistentes virtuais para a coleta e gerenciamento de feedbacks. Um chatbot pode facilmente conduzir entrevistas curtas com os usuários, coletando dados sobre suas experiências e opiniões sobre produtos e serviços. Essas informações, agora mais acessíveis do que nunca, permitem que marcas ajustem suas ofertas, melhorem processos e compreendam melhor o que seus clientes realmente procuram e desejam.

Outro aspecto fascinante é o uso de chatbots em campanhas promocionais. Através de interações com os consumidores, como quizzes e enquetes divertidas, as marcas podem aumentar seu engajamento enquanto promovem novos produtos ou ofertas. A capacidade de enviar mensagens instantâneas para usuários que já demonstraram interesse gera um sentimento de exclusividade e urgência, incentivando ações imediatas.

Para aqueles que ainda estão se perguntando como integrar chatbots nas suas operações, alguns passos práticos podem acelerar esse processo. Primeiro, é fundamental escolher uma plataforma que atenda às suas necessidades. Ferramentas como Facebook Messenger e WhatsApp permitem que você se conecte com seus consumidores onde eles já estão engajados. Uma vez escolhida a plataforma, o próximo passo é definir claramente os objetivos do chatbot, seja aumentar vendas, coletar feedback ou promover produtos novos.

Outro ponto essencial é o design da conversa. É vital que cada interação seja agradável e fluida. Isso envolve a escrita de diálogos que pareçam naturais e humanos, permitindo que os usuários se sintam acolhidos em suas interações.

Por fim, o feedback é crucial. Mensurar o desempenho do chatbot e fazer ajustes com base nas interações dos consumidores é parte do ciclo de melhoria constante. Com o tempo, você perceberá que a evolução desse assistente não apenas beneficiará suas operações, mas também proporcionará uma conexão mais significativa com seus clientes.

Assim, ao explorarmos os casos de sucesso e aplicações práticas dos chatbots, fica evidente que não estamos apenas olhando para uma nova tendência tecnológica; estamos vivenciando uma revolução que redefine a interação entre empresas e consumidores. Neste novo mundo, aqueles que adotarem essa tecnologia de forma estratégica estarão não apenas à frente da concorrência, mas também capazes de criar experiências de atendimento que realmente façam a diferença na jornada do cliente. Esta é a era dos chatbots, e seu impacto promete ser tão significativo que o futuro do atendimento ao cliente nunca foi tão promissor.

Integrar chatbots em seu negócio é um passo estratégico fundamental para modernizar suas operações e aprimorar a experiência do cliente. A primeira etapa nessa jornada é escolher a plataforma de chatbot que atenda às suas necessidades e aquelas de seu público. Existem diversas opções disponíveis no mercado, cada uma com funcionalidades distintas. Ferramentas como o ManyChat e o Chatfuel são excelentes para quem deseja começar de forma simples, pois permitem criar fluxos de conversa intuitivos sem a necessidade de conhecimento avançado em programação.

Depois de selecionar a plataforma, o próximo passo é definir claramente os objetivos do seu chatbot. O que você espera alcançar com essa implementação? Estas metas podem variar desde aumentar a taxa de conversão, fornecer suporte ao cliente, coletar feedback ou promover produtos específicos. Entender seu propósito ajudará a moldar o design da interação e a definir o tom de voz que o assistente terá. Por exemplo, se o objetivo é oferecer suporte ao cliente, uma abordagem mais amigável e prestativa funcionará melhor.

Agora, entra a parte criativa: o design da conversa. É vital que as interações sejam projetadas para serem agradáveis e intuitivas. Para isso, você pode começar esboçando os principais diálogos que o chatbot terá. Pense em quais perguntas frequentes seus clientes podem fazer e como o chatbot pode responder de forma eficaz. Esse trabalho requer empatia: coloque-se no lugar do usuário e imagine quais informações seriam valiosas para ele. Uma interação fluida e natural fará com que os clientes se sintam mais confortáveis em interagir com sua marca e aumentarão a taxa de engajamento.

Ao criar o conteúdo para essas conversas, utilize uma linguagem clara e acessível. Evite jargões ou termos excessivamente técnicos, a não ser que você tenha certeza de que seu público os entende. Um chatbot que se comunica de maneira amigável e compreensível certamente conquistará mais adeptos. Lembre-se: seu objetivo é criar uma conexão, então tente humanizar o chatbot com respostas empáticas e calorosas.

Uma vez que o chatbot esteja em funcionamento, a análise de dados será seu próximo grande aliado. Mensurar o desempenho das interações é fundamental para entender como os clientes estão utilizando o serviço. Utilize as métricas disponíveis na sua plataforma para seguir tendências e feedbacks. O acesso a dados como a taxa de resposta, o tempo de interação e a satisfação geral do cliente pode oferecer insights preciosos que irão guiar futuras otimizações.

É importante promover um ciclo constante de melhorias. Após a análise inicial, faça ajustes baseados em feedbacks e resultados. Não tenha medo de experimentar novos diálogos e funcionalidades. Quanto mais você se adapta à necessidade do seu público, mais efetivo será o chatbot.

Por fim, o envolvimento da sua equipe não deve ser negligenciado. Compartilhe insights com sua equipe de vendas e marketing, pois essas informações podem ajudá-los a ajustar suas estratégias, seja em campanhas publicitárias ou na abordagem ao cliente. A integração entre o chatbot e as operações de sua empresa é uma oportunidade para refletir sobre a sinergia total em sua estratégia digital.

Integrar um chatbot ao seu negócio pode não apenas modernizar o atendimento ao cliente, mas também abrir novas avenidas para engajamento e vendas. As ferramentas, se utilizadas corretamente, são catalisadores de crescimento e produtividade. Quando bem implementados, têm o poder de transformar a relação com o cliente, tornando-a mais dinâmica, responsiva e significativa. Este é o momento ideal para inserir essa inovação no seu empreendimento e capitalizar sobre as oportunidades que surgem da criação de uma experiência de compra cada vez mais personalizada e eficiente.

Capítulo 5: Ideia 3 - Marketing Automatizado

A evolução do marketing na era digital não é apenas uma mudança de estratégia, mas uma verdadeira revolução que redefine a forma como as empresas se comunica com seus consumidores. Nos últimos anos, a aceleração tecnológica, impulsionada pela Inteligência Artificial, trouxe um novo paradigma. Com a automação de processos e a análise de dados em tempo real, agora podemos personalizar experiências e otimizar campanhas de maneira que há não muito tempo parecia um sonho distante.

O marketing automatizado tornou-se uma necessidade, não uma opção. Imagine uma pequena empresa que, antes, precisava contar com e-mails manuais e registros em papeis para gerenciar suas campanhas. Hoje, essa mesma empresa pode, com o uso de IA administrar uma campanha publicitária que envia mensagens personalizadas a milhares de clientes de uma só vez, ajustando-as com base nas preferências individuais de cada consumidor. Essa capacidade de segmentação e personalização é um divisor de águas, trazendo eficiência e resultados esmagadores para quem se atreve a utilizá-la de forma estratégica.

Um exemplo que ilustra bem essa transição é o caso da Netflix. Com seu imenso acervo de filmes e séries, a gigante do streaming se aposentou das recomendações genéricas. Em vez disso, ela usa algoritmos alimentados por IA para analisar hábitos de visualização e, assim, sugerir conteúdos que realmente interessam a cada assinante. Essa técnica não só eleva a experiência do usuário, tornando-a mais rica e personalizada, mas também reforça o vínculo entre a marca e o consumidor, resultando em maior retenção de clientes.

Além disso, a automação marketing vai muito além de simplesmente enviar e-mails. Ferramentas avançadas permitem que empresas realizem testes A/B em tempo real, ajustem orçamentos de anúncios em diferentes plataformas e, ainda assim, gerem relatórios com insights precisos sobre o desempenho das campanhas. O que antes demandava semanas ou até meses de análises e planejamento agora ocorre num ritmo frenético. Um toque de um botão pode resultar em campanhas mais efetivas e com impactos concretos nas vendas.

Nessa nova era, a criatividade ganha uma dimensão diferente. Não se trata apenas de ter uma boa ideia; é sobre como a tecnologia potencializa essa ideia. Com ferramentas de automação e IA, os profissionais de marketing podem desenvolver conteúdos e estratégias que não só se destacam pelo apelo visual, mas também se conectam com os consumidores de maneira mais significativa. A chave está em usar dados e insights para entender profundamente o público-alvo e oferecer algo que realmente ressoe com suas necessidades e desejos.

A beleza do marketing automatizado está no seu alcance e possibilidades de interação com o cliente. Pense em uma empresa que deseja lançar um novo produto. Com a automação, ela pode criar um ciclo de campanhas que educam os consumidores sobre os benefícios desse produto, promovendo um diálogo constante e envolvente. Em vez de uma única mensagem de venda, proporcionamos uma jornada que envolve o cliente em todas as etapas do processo de compra. Essa abordagem aumenta não apenas as chances de conversão, mas também a satisfação do cliente, que percebe que sua opinião e suas preferências estão sendo respeitadas.

Como resultado, a mensagem é clara: o futuro do marketing é automatizado e pessoal. À medida que avançamos nessa revolução, somos lembrados de que a verdadeira conexão não se perde em meio à automação, mas se torna ainda mais forte. O desafio para as empresas é aproveitar essa força de forma inteligente, criando campanhas que falem diretamente ao coração do consumidor e construam relações duradouras. Essa transformação não é meramente técnica; é uma oportunidade para redefinir o que significa ser uma marca no mundo digital.

No universo do marketing automatizado, as ferramentas de inteligência artificial desempenham funções essenciais que ampliam a eficácia das campanhas e asseguram que as mensagens certas cheguem ao público-alvo de forma oportuna e impactante, entendendo as preferências de forma inteligente.

Uma das funções mais relevantes da IA é a segmentação de mercado. Tradicionalmente, segmentar consumidores exigia um esforço monumental. Agora, a IA analisa vastas quantidades de dados em questão de minutos, identificando padrões que podem escapar ao olho humano. Por exemplo, empresas como Amazon utilizam algoritmos para agrupar clientes com base em comportamento de compra, interesses e outros fatores. Dessa forma, conseguem criar campanhas específicas para grupos distintos, o que resulta em maiores taxas de conversão e um retorno sobre investimento significativamente maior.

Outra função poderosa da IA é a personalização de conteúdo. Imagine receber um e-mail que não apenas menciona seu nome, mas que também traz recomendações de produtos baseadas nas suas compras anteriores ou nos itens que você visualizou recentemente. Esse nível de personalização vai muito além do básico, criando uma experiência do usuário que se sente verdadeiramente reconhecido e valorizado. Estudos mostram que 80% dos consumidores têm maior propensão a comprar de marcas que oferecem experiências personalizadas. Isso prova que, ao integrar IA, as empresas não estão apenas vendendo produtos; elas estão construindo relacionamentos significativos com seus clientes.

Além disso, a análise preditiva é outra ferramenta fundamental que a IA oferece. Em vez de apenas olhar para dados passados, empresas que utilizam essa tecnologia podem antecipar tendências e comportamentos futuros. Por exemplo, plataformas como Spotify utilizam algoritmos preditivos para sugerir músicas com base no padrão de consumo dos usuários. Esse tipo de análise permite que as empresas ajustem campanhas antes que as tendências se tornem evidentes, posicionando-as à frente da concorrência.

A otimização de campanhas também é uma área onde a IA se destaca. Em vez de lançar uma campanha e esperar por resultados, as ferramentas automatizadas permitem um monitoramento em tempo real. Ao analisar vários indicadores de performance, a IA pode modificar a campanha instantaneamente, redirecionando orçamento para anúncios que estão performando bem ou pausando aqueles que não estão gerando resultados. Essa flexibilidade não apenas maximiza o investimento, mas também garante que a mensagem chegue no momento certo, aumentando as chances de conversão.

Empresas como Coca-Cola estão usando IA para otimizar sua publicidade em tempo real. Ao fazer isso, conseguem ajustar suas campanhas na hora, com base no feedback do público, otimizando assim a eficácia de suas campanhas em andamento.

Para ilustrar esses conceitos, vamos considerar o case da Adidas. A marca utilizou um sistema que combina análise preditiva com segmentação inteligente para anunciar lançamentos de novos produtos. Antes do lançamento de um produto, a Adidas analisa dados para identificar quais segmentos estão mais propensos a interagir com a nova linha. Com isso, ajustam suas campanhas, enviando informações personalizadas para consumidores que têm maior potencial de se tornarem clientes. O resultado? Aumento significativo nas vendas e uma forte ligação com o consumidor, que se sente parte desse processo.

Estes casos não estão isolados. A capacidade da IA de segmentar, personalizar, prever e otimizar permite um novo nível de interação entre marcas e consumidores, efetivamente transformando como campanhas são planejadas e executadas. No próximo bloco, vamos mergulhar nas estratégias práticas de implementação do marketing automatizado, mostrando como as empresas podem colher os benefícios dessa revolução na prática. Prepare-se para capacitar sua empresa com insights fundamentais que transformarão suas abordagens de marketing, levando-as a um nível ainda mais elevado de eficácia e implicações importantes para mudanças qualitativas.

No processo de implementação do marketing automatizado, um dos passos mais críticos é a escolha estratégica das ferramentas certas. O mercado está repleto de soluções, cada uma com suas funcionalidades e características específicas. Ferramentas como HubSpot, Mailchimp e ActiveCampaign se destacam pela facilidade de uso e pelas extensas opções de personalização que oferecem. A escolha deve levar em conta não apenas o orçamento, mas também a complexidade das necessidades da sua empresa. Avaliações de diferentes plataformas, comparando preços e funcionalidades, são essenciais para garantir que um bom investimento seja feito.

Uma vez que a ferramenta ideal foi escolhida, o próximo passo é a integração com as operações de marketing existentes. É aqui que muitos negócios enfrentam desafios. Uma abordagem sustentável de marketing automatizado envolve a adaptação dos fluxos de trabalho já estabelecidos. Ter um planejamento estruturado, que inclua a definição clara dos objetivos e do público-alvo, é fundamental. Para tanto, envolva sua equipe nas discussões sobre quais áreas devem ser priorizadas. A colaboração entre setores pode trazer uma visão mais abrangente e contribuir para um alinhamento eficaz das estratégias.

Após a implementação inicial, é imperativo monitorar e medir constantemente os resultados das campanhas automatizadas. Métricas são seus melhores aliados nesse processo. Analisar a taxa de abertura de e-mails, cliques, conversões e taxas de cancelamento de assinatura são apenas algumas das informações que podem orientar ajustes necessários. Ter um backlog de feedbacks e opiniões dos clientes sobre as campanhas também pode fornecer insights valiosos. Considere a realização de pesquisas com os clientes para entender como se sentiram em relação às interações recebidas. Esse ciclo de feedback é vital para a constante evolução da estratégia.

Adicionalmente, as mudanças no comportamento do consumidor devem ser acompanhadas de perto. O mercado está sempre em transformação, e o que funcionava há um mês pode já não ser tão efetivo. Analisar as tendências de consumo e ajustar tanto a segmentação quanto as mensagens é essencial para manter a relevância. Ferramentas avançadas de analytics podem ser de grande ajuda nesse aspecto, oferecendo relatórios detalhados que facilitam a compreensão do que está funcionando e o que precisa ser ajustado.

Por fim, não subestime o poder da personalização. A era do marketing em massa já passou, e os consumidores de hoje têm expectativas mais elevadas quanto às experiências que desejam. Uma abordagem personalizada não só melhora a recepção das campanhas, mas também aumenta significativamente as taxas de conversão. Utilize dados disponíveis para criar campanhas que falem diretamente ao consumidor, com mensagens que ressoem com suas preferências e comportamentos.

Implementar uma estratégia de marketing automatizado não é apenas sobre tecnologia, mas sobre transformar a forma como você se conecta e engaja seus clientes. Com as ferramentas certas, um planejamento eficiente e uma abordagem centrada no cliente, sua empresa estará preparada para se destacar em um mercado cada vez mais competitivo e dinâmico. A revolução do marketing automatizado está apenas começando, e você tem agora a oportunidade de conduzir sua marca a um novo patamar de crescimento e desenvolvimento.

À medida que nos aprofundamos nas ramificações do marketing automatizado, é imperativo considerar como as inovações estão moldando o futuro. A integração crescente da inteligência artificial nas campanhas de marketing não é apenas uma tendência, mas uma real transformação na abordagem de comunicação entre marcas e consumidores. Com isso, diversas tecnologias emergem, prometendo refinar o relacionamento entre empresas e seus públicos.

Uma dessas inovações fascinantes é o uso de chatbots em campanhas de marketing. Esses assistentes virtuais oferecem respostas instantâneas e podem guiar os clientes com consumação direcionada, promovendo um relacionamento dinâmico e interativo. Imagine, por exemplo, um cliente entrando em seu site e sendo imediatamente recebido por um chatbot que não só solicita informações básicas sobre suas preferências, mas ainda sugere produtos com base no histórico de navegação e compras. Este não é apenas um contato imediato; é uma conexão que personaliza a experiência do cliente desde o primeiro momento.

Outro aspecto vital da automatização é a análise de sentimentos em tempo real. Isso permite que as marcas compreendam como os consumidores reagem a diferentes conteúdos e campanhas. Através de algoritmos de aprendizado de máquina, é possível decifrar se um feedback é positivo, negativo ou neutro, orientando os próximos passos da estratégia de marketing. Isso gera um alinhamento mais preciso entre as iniciativas da marca e as expectativas do consumidor, promovendo um diálogo que vai além da superfície.

Além dos chatbots e da análise de expectativas, a integração com redes sociais também está se mostrando uma locomotiva poderosa para as campanhas de marketing automatizado. O uso de ferramentas que otimizam postagens, analisa engajamento e ajustam anúncios em tempo real, tem permitido que marcas comuniquem suas mensagens de forma mais eficiente com antecipação de necessidades ainda sem escolha efetiva. Imagine uma marca de bebidas que lança uma nova linha de produtos e, utilizando IA, consegue identificar e direcionar suas campanhas para influenciadores digitais cujos públicos se alinham perfeitamente ao objetivo desejado. Essa estratégia não só maximiza a visibilidade do produto, mas também cria uma conexão mais autêntica.

Agora, você pode estar pensando: "Como posso, como empreendedor, aproveitar essas inovações a meu favor?" A resposta é simples: estar atento às tecnologias emergentes e como elas podem ser integradas ao modelo de negócio. Considere a implementação de um chatbot no seu website ou explore ferramentas que permitam análise em redes sociais. Lembre-se, o marketing futurista não é apenas sobre a tecnologia que você usa, mas sobre como aproveitá-la para fortalecer os laços com seus consumidores.

Ainda há muito mais por vir neste caminho transformador do marketing automatizado. À medida que avançamos, cada nova ferramenta e cada nova técnica traz à superfície oportunidades únicas para diferenciar sua marca em um mercado saturado. O convite é claro: esteja aberto às mudanças, e use a tecnologia não apenas como um recurso, mas como um verdadeiro aliado na construção de relacionamentos duradouros com seus clientes. O futuro do marketing está aqui, e espera por você para explorar suas infinidades de possibilidades.

Capítulo 6: Ideia 4 - Desenvolvimento de Aplicativos com IA

A proliferação de aplicativos no cotidiano moderno revolucionou a forma como interagimos com tecnologia, com soluções que vão desde tarefas simples até inovações que transformam vidas. Hoje em dia, é difícil imaginar um dia sem recorrer a um aplicativo, seja para pedir comida, gerenciar finanças ou até mesmo aprender uma nova língua. Essa onipresença destaca a crescente demanda por aplicativos que não apenas atendam a necessidades básicas, mas que também solucionem problemas reais de maneira eficaz e inovadora.

Olhando para o futuro, a Inteligência Artificial se apresenta como uma peça-chave nesse cenário. Ao integrar IA no desenvolvimento de aplicativos, podemos criar experiências mais intuitivas e personalizadas, elevando o nível de interação entre o usuário e a tecnologia. A utilização de algoritmos avançados permite a coleta e análise de dados em escala, oferecendo insights valiosos que ajudam a entender melhor comportamentos e preferências dos consumidores.

Um exemplo inspirador é o Google Assistant, que se tornou uma referência ao integrar IA para oferecer respostas rápidas e precisas às perguntas dos usuários. Com sua capacidade de aprender e evoluir, o assistente se adapta aos hábitos e necessidades de cada pessoa, criando uma experiência que não só informa, mas que também encanta. Outro caso admirável é o do Duolingo, que transforma o aprendizado de idiomas em uma experiência gamificada, utilizando IA para personalizar exercícios de acordo com o progresso do aluno. Tais exemplos demonstram como a inteligência artificial pode ser a força propulsora na criação de aplicativos que realmente fazem a diferença.

Para aqueles que desejam desenvolver um aplicativo com foco em IA, é crucial iniciar com uma pesquisa de mercado minuciosa. Compreender o público-alvo e suas necessidades é sempre o primeiro passo. Questões como: "Qual problema meu aplicativo irá resolver?" ou "Como ele se destacará em um mercado saturado?" são centrais para o planejamento. Além disso, escolher as ferramentas certas para integrar IA, como APIs de aprendizado de máquina ou serviços de nuvem, pode fazer toda a diferença.

Um dos pilares do desenvolvimento de um aplicativo de sucesso é garantir que o design seja centrado no usuário. A interface deve ser intuitiva, e a funcionalidade deve ressoar com as expectativas dos usuários. Afinal, um aplicativo que é difícil de navegar ou que não oferece valor real será rapidamente esquecido. Portanto, testar e refinar o design antes do lançamento é essencial.

Em termos de monetização, há diversas estratégias que podem ser consideradas. A opção por compras dentro do aplicativo, assinaturas mensais ou até mesmo publicidade integrada pode ajudar a garantir um fluxo de receita constante. Cada modelo de monetização tem suas próprias vantagens e desvantagens, e escolher o mais adequado dependerá das características do seu aplicativo e da experiência proporcionada ao usuário.

A promoção do aplicativo após o seu lançamento também merece destaque. Criar um plano de marketing eficaz, que inclua uma combinação de estratégias de SEO e ASO (App Store Optimization), maximiza a visibilidade e atrai os usuários certos. Fomentar um relacionamento contínuo com os usuários, através de feedback e atualizações regulares, é crucial para manter a relevância do aplicativo e garantir sua evolução com as necessidades do mercado.

Dessa forma, o desenvolvimento de aplicativos com inteligência artificial não é apenas uma oportunidade de negócio, mas uma chance de se conectar com as pessoas de forma significativa. Trata-se de criar soluções que possibilitem uma vida mais fácil, produtiva e interativa, sempre buscando entender e atender as demandas que surgem a cada dia em um mundo em rápida transformação.

O desenvolvimento de aplicativos com foco em Inteligência Artificial não é apenas uma questão de seguir tendências; é, acima de tudo, sobre identificar problemas reais e soluções que façam a diferença. Ao iniciar essa jornada, os empreendedores devem ter clareza sobre as necessidades que desejam buscar. É essencial entender que cada aplicativo deve resolver uma questão específica do usuário, trazendo eficiência e inovação ao cotidiano.

Um dos primeiros passos que qualquer empreendedor deve dar é realizar uma detalhada pesquisa de mercado. É vital analisar não apenas as lacunas existentes, mas também as preferências dos usuários e o que já está disponível. Um entendimento profundo dos personagens que habitam este ecossistema — os próprios consumidores — ajudará a moldar um produto que se adeque ao que realmente desejam.

Além disso, a escolha das ferramentas certas para o desenvolvimento do aplicativo é crucial. Investigar plataformas e APIs que suportam a integração de IA deve ser uma prioridade. Muitas vezes, optar por serviços que já proveem soluções simplificadas pode acelerar o processo de desenvolvimento e garantir que o produto final seja robusto e confiável.

A experiência do usuário deve ser o centro de todo o processo de design. Um aplicativo deve ser intuitivo, rápido e visualmente atraente, garantindo que o usuário se sinta confortável em sua navegação. O design centrado no usuário não é uma fase opcional; trata-se de uma necessidade imperativa. Testes constantes e coletas de feedback durante as fases de desenvolvimento são fontes preciosas de informação que permitem refinamentos e ajustes antes do lançamento.

Quando falamos em monetização, as opções são variadas e devem ser adaptadas ao público e ao tipo de aplicativo. Seja com compras dentro do aplicativo, assinatura mensal ou até mesmo um modelo freemium que ofereça aspectos básicos gratuitos enquanto opções premium estão disponíveis para aqueles que buscam mais funcionalidades, a escolha do modelo de monetização pode ajudar a construir um fluxo de receita sólido e sustentável. No entanto, essa escolha deve também manter um equilíbrio para não afastar os usuários, garantindo que a experiência oferecida continue atrativa e valiosa.

Após o lançamento, implementar um plano de marketing eficaz é como acender a tocha que iluminará o caminho do seu aplicativo na vasta escuridão do mercado competitivo. Com estratégias de SEO e ASO bem definidas, otimizando seu conteúdo para lojas de aplicativos, a visibilidade pode aumentar, atraindo novos usuários e gerando engajamento. Redes sociais, anúncios pagos e parcerias com influenciadores também são estratégias eficazes que podem posicionar seu aplicativo diretamente no radar do público-alvo.

Uma abordagem proativa em relação ao feedback de usuários após o lançamento não só permite que detecção de melhorias sejam observadas, mas pode prevenir o desgaste da base de usuários. Essa interação é parte crucial de um ciclo de aprimoramento que mantém o aplicativo relevante e alinhado às necessidades dos seus consumidores.

O desenvolvimento de aplicativos com IA não é apenas uma peça no quebra-cabeça tecnológico; é uma chance de transformar vidas, oferecendo soluções que realmente fazem a diferença. As oportunidades são vastas, e a dedicação para identificar cada uma delas pode ser o divisor de águas que leva um empreendedor ao sucesso desejado. Ao entender o mercado e os consumidores, e ao aplicar estratégias eficazes, sua ideia poderá se tornar não apenas um aplicativo, mas uma ferramenta essencial na rotina de muitas pessoas.

A evolução do desenvolvimento de aplicativos com Inteligência Artificial está trazendo uma verdadeira transformação na forma como interagimos com a tecnologia em nosso dia a dia. Nos últimos anos, a proliferação de smartphones e dispositivos inteligentes criou um cenário onde aplicativos se tornaram não apenas uma facilidade, mas uma necessidade para gerenciar nossas rotinas e, muitas vezes, melhorar nossas vidas. A abordagem centrada no usuário é o coração dessa mudança, e compreender as expectativas do consumidor é fundamental para a criação de produtos que realmente façam a diferença.

Uma pesquisa de mercado rigorosa deve ser o primeiro passo para quem deseja criar um aplicativo. É nesse momento que se deve mergulhar no universo dos potenciais usuários, buscando entender suas dores e aspirações. Que problemas eles enfrentam em sua rotina? Quais soluções estão em falta? Ao responder a essas perguntas, o desenvolvedor não apenas identifica um nicho a ser explorado, mas começa a traçar um caminho claro que guiará todas as etapas do projeto.

Após essa análise inicial, a escolha das ferramentas de desenvolvimento se torna crucial. A integração de Inteligência Artificial no aplicativo pode ser feita através de várias APIs e serviços de nuvem que facilitam o processo. Ferramentas como TensorFlow, IBM Watson, AWS e Microsoft Azure oferecem recursos avançados para incorporar algoritmos de aprendizado de máquina e experiência de usuário personalizada. Optar por plataformas que simplificam esse processo pode acelerar significativamente o tempo de lançamento do aplicativo no mercado, permitindo que a criatividade fluía livremente, sem as amarras de questões técnicas complicadas.

A GenAI - Generative Artificial Intelligence (Inteligência Artificial Generativa). O que são Generative Apps AI ou GenAI?

As Generative Apps AI, ou GenAI, são aplicações baseadas em inteligência artificial generativa, projetadas para criar conteúdo original e interativo. Essas ferramentas utilizam modelos avançados de aprendizado de máquina, como redes neurais profundas, para gerar textos, imagens, áudio, vídeos, códigos e outros tipos de conteúdo, com base em padrões aprendidos em grandes volumes de dados, realizando múltiplas tarefas, acelerando e auxiliando a produtividade com a obtenção dos resultados desejados. Uma verdadeira transformação digital.

Em essência, essas tecnologias não se limitam a reproduzir informações existentes, recorrendo a conteúdos, designs, estratégias e métodos, continuam aprendendo com grandes repositórios de fontes originais, são capazes de criar conteúdo que parecem ter sido criados por humanos. Isso as torna altamente adaptáveis para uma ampla gama de usos, desde entretenimento até negócios, educação e saúde.

As GenAIs são baseadas em modelos de IA treinados com uma abordagem chamada aprendizado profundo (deep learning). Os modelos mais conhecidos para tarefas generativas são os modelos de linguagem de grande escala (LLMs), como o GPT, e o modelo Generative Adversarial (GANs), criado por Ian Goodfellow, 2014.

1. Modelos de Linguagem de Grande Escala (LLMs): Treinados com vastos conteúdos de textos, esses modelos aprendem padrões de linguagem e podem prever a próxima palavra, frase, parágrafo em uma sequência. Isso permite gerar textos completos, responder perguntas ou até traduzir línguas. Exemplos: GPT-4 (OpenAI), LaMDA (Google), Claude.AI (Anthropic).
2. Modelos Generative Adversarial (GANs): Os GANs utilizam dois modelos neurais que competem entre si: um gerador cria dados e um discriminador avalia se os dados gerados são reais ou falsos. Essa tecnologia é amplamente usada em geração de imagens e vídeos. Exemplos: DALL·E (OpenAI), MidJourney.
3. **Outros Modelos**

   ✓ **Transformers**: Arquitetura amplamente utilizada em LLMs e IA generativa.

   ✓ **Autoencoders Variacionais (VAEs)**: Geram dados novos comprimindo e descomprimindo informações, úteis para personalizações mais específicas.

   ✓ **Diffusion Models**: Criam imagens de alta qualidade adicionando ruído e removendo gradualmente, como no Stable Diffusion.

Como exemplos de Generative Apps AI no mercado, temos:

1. **Modelos de Texto**

- **ChatGPT (OpenAI)**: Gera textos, responde perguntas e cria conteúdos criativos como histórias, roteiros ou artigos.
- **Jasper AI**: Ferramenta focada em marketing que auxilia na criação de textos publicitários, blogs e postagens sociais.
- **Copy.ai**: Criação de textos rápidos para campanhas de marketing e conteúdos comerciais.

2. **Modelos de Imagem**

- **DALL·E (OpenAI)**: Gera imagens a partir de descrições textuais.
- **MidJourney**: Cria arte digital de alta qualidade a partir de prompts detalhados.
- **Stable Diffusion**: Um modelo open-source popular para criar imagens e ilustrações.

3. **Modelos de Áudio**

- **Descript**: Gera edição de áudio e transcrição com base em texto.
- **Amper Music**: Criação de trilhas sonoras personalizadas.
- **Murf.ai**: Geração de narrações realistas com vozes sintéticas.

4. **Modelos de Vídeo**

- **Runway ML**: Geração de vídeos e edição com IA avançada.
- **Synthesia**: Cria vídeos corporativos com avatares digitais e narrações automatizadas.
- **Pictory**: Transforma textos e roteiros em vídeos curtos automaticamente.

5. **Modelos de Código**

    - **GitHub Copilot**: Assistente de programação baseado em GPT, ajuda a gerar códigos e autocompletar trechos complexos.
    - **Tabnine**: Geração de código focada em aumento de produtividade.
    - **DevPrime AI:** Plataforma que acelera a produtividade do desenvolvedor de software contando com cinco pilares: o de Inteligência Artificial, o da arquitetura moderna de aplicação, com modelagem do domínio de negócio ajudando na aceleração da implementação de código com geradores que seguem padrões de desenvolvimento de mercado estabelecidos na estratégia de arquitetura (Domain Driven Design, Arquitetura Hexagonal, Event Design), seguindo padrões da indústria, levando em consideração questões de manutenibilidade, testabilidade, observabilidade e de integração com processos de segurança, implementando microservices em linguagem de mercado (ex. C#), com atualizações e novas estratégias de

desenvolvimento de software para suportar a evolução dos seus projetos, facilitando o deployment em plataformas cloud (AWS, Azure etc) onde a publicação de aplicações oferecem uma ampla diversidade de recursos como flexibilidade, escalabilidade e a cobertura global. A ferramenta DevPrime Cli é a interface do desenvolvedor de software com a plataforma DevPrime, e que deve ser instalada no Windows, Linux ou Mac.

E é possível implementar qualquer estratégia de frontend para conectar nesse novo barramento moderno baseado na plataforma Dev Prime.Todas as aplicações desenvolvidas são baseadas dentro do contexto de backend e vão rodar em qualquer provedor de cloud inclusive nos ambientes locais com o Dock e com o próprio Kubernetes. A proposta da DevPrime sugere uma economia de 70% de investimento no backend, propiciando o desenvolvimento de uma aplicação (microservice) com o seu deployment imediato para produção, sem a necessidade de escrever uma linha de código.

6. **Multimodal (Texto + Imagem + Áudio)**

- **Adobe Firefly**: Criação de conteúdos gráficos e artísticos para designers.
- **DeepArt.io**: Transforma fotos em obras de arte estilizadas.

Atualmente, ferramentas de Inteligência Artificial Generativa (GenAI) estão transformando o trabalho dos desenvolvedores de software, ajudando a automatizar tarefas repetitivas, melhorar a qualidade do código e acelerar o desenvolvimento. Aqui estão as principais ferramentas e tecnologias que estão sendo amplamente utilizadas:

Ferramentas de GenAI para Desenvolvimento de Software

1. **Assistentes de Codificação Baseados em IA**
   - **GitHub Copilot**: Sugere trechos de código em tempo real dentro de ides populares, como Visual Studio Code, com base no contexto do projeto.
   - **Tabnine**: Focado em autocompletar código e aumentar a produtividade do desenvolvedor.
   - **Amazon CodeWhisperer**: Oferece suporte a várias linguagens e integrações específicas para serviços AWS.
   - **ChatGPT**: Fornece ajuda para debugar, criar trechos de código e entender frameworks complexos.
2. **Modelos de IA para Documentação e Testes**
   - Geração de documentação automatizada com tools como Codex e AI21.
   - Criação de testes automatizados e geração de mocks por ferramentas como Testim e Mabl.
3. **Geração de Código a Partir de Linguagem Natural**

Ferramentas como Replit Ghostwriter permitem que os desenvolvedores descrevam funcionalidades em linguagem natural e a ferramenta gere o código correspondente.

4. **Modelos Específicos para Linguagens de Programação**

Plataformas como **OpenAI Codex** podem ser ajustadas para contextos específicos, criando soluções mais adaptadas às necessidades de linguagens como Python ou Java.

Linguagens de Programação Mais Utilizadas no Contexto GenAI

Algumas linguagens são mais utilizadas devido à sua popularidade, facilidade de integração e suporte robusto a frameworks de IA:

1. **Python**
    - A mais popular para IA e aprendizado de máquina, com bibliotecas como TensorFlow, PyTorch e NumPy.
    - Útil para automação de tarefas e desenvolvimento de ferramentas de IA personalizadas.
2. **JavaScript/TypeScript**
    - Usado para criar interfaces com frameworks como React e Angular.

- Amplamente aplicado em **plataformas web** onde GenAI pode ajudar na geração de componentes dinâmicos.

3. **Java**

- Utilizado em sistemas corporativos e projetos que exigem escalabilidade.
- Frameworks como Spring Boot tornam-no relevante no backend.

4. **Rust**

- Rust é usado em sistemas que requerem alta performance e segurança.
- Go é preferido para serviços em nuvem e desenvolvimento de ferramentas como Kubernetes.

5. **C#**

- Amplamente usado para desenvolvimento de aplicativos Windows e jogos com Unity.
- Integrado a ferramentas de GenAI para melhorar a eficiência em jogos e aplicativos interativos.

6. **SQL e Linguagens para Análise de Dados**

- Geração de consultas otimizadas em bases de dados por ferramentas GenAI.
- Linguagens como SQL continuam relevantes em sistemas focados em data-driven.

Impactos para os Desenvolvedores

Essas ferramentas e linguagens permitem:

- **Produtividade**: Menor tempo gasto em tarefas repetitivas.
- **Qualidade**: Sugestões de código mais robusto e com menos erros.
- **Acessibilidade**: Permite que desenvolvedores menos experientes criem soluções complexas com suporte de IA.

O uso de GenAI para trabalhar com C#, MongoDB e RabbitMQ pode acelerar e otimizar tarefas no desenvolvimento, integração e manutenção de aplicações. Aqui está uma análise detalhada, com exemplo prático sobre como essas ferramentas e tecnologias podem ser usadas juntas.

1. Integração de C# com MongoDB usando GenAI

MongoDB é um banco de dados NoSQL altamente utilizado para aplicações flexíveis e escaláveis. Ao integrar C# com MongoDB, ferramentas GenAI podem ajudar nos seguintes aspectos:

Criação Automática de Modelos: A IA pode gerar classes C# para representar documentos MongoDB com base no esquema esperado.

```
// Exemplo gerado por GenAI para um documento "User"

public class User
```

```
{
  public ObjectId Id {get; set; }
  public string Name {get; set; }
  public string Email {get; set; }
  public DateTime CreatedAt {get; set; }
}
```

Geração de Código para Operações CRUD

Ferramentas como GitHub Copilot podem gerar rapidamente métodos para salvar, atualizar e buscar dados no MongoDB:

```
public async Task CreateUser(IMongoCollection<User> collection, User user)
{
  await collection.InsertOneAsync(user);
}
public async Task<List<User>> GetAllUsers(IMongoCollection<User> collection)
{
  return await collection.Find(_ => true).ToListAsync();
}
```

Otimização de Consultas Complexas

GenAI pode sugerir queries otimizadas ou agregações usando MongoDB:

```
var filter = Builders<User>.Filter.Eq(u => u.Email,
"example@mail.com");

        var user = await
collection.Find(filter).FirstOrDefaultAsync();
```

Como GenAI Auxilia:

- Sugere e valida consultas para eficiência.
- Automatiza a conexão e configuração do cliente MongoDB em C#.

2. Comunicação Assíncrona com RabbitMQ e C#

RabbitMQ é uma ferramenta de mensagens usada para comunicação entre microsserviços. GenAI pode simplificar a criação e o gerenciamento de filas e trocas.

Configuração Inicial de RabbitMQ

Ferramentas GenAI podem sugerir o código básico para conectar e declarar filas.

```
var factory = new ConnectionFactory() { HostName =
"localhost" };

using var connection = factory.CreateConnection();

using var channel = connection.CreateModel();

channel.QueueDeclare(queue: "task_queue",
```

```
    durable: true,
    exclusive: false,
    autoDelete: false,
    arguments: null);
```

1. **Envio de Mensagens**

   A IA pode gerar código para publicar mensagens de forma eficiente.

```
var message = "Hello RabbitMQ!";
var body = Encoding.UTF8.GetBytes(message);
channel.BasicPublish(exchange: "",
    routingKey: "task_queue",
    basicProperties: null,
    body: body);
Console.WriteLine(" [x] Sent {0}", message);
```

2. **Consumo de Mensagens**

   Automatiza a criação de consumidores assíncronos para filas.

```
var consumer = new
EventingBasicConsumer(channel);
consumer.Received += (model, ea) =>
```

```
{
var body = ea.Body.ToArray();
var message = Encoding.UTF8.GetString(body);
Console.WriteLine(" [x] Received {0}", message);
};
channel.BasicConsume(queue: "task_queue",
    autoAck: true,
    consumer: consumer);
```

Como GenAI Auxilia:

- Cria métodos para configurar filas, publicadores e consumidores.
- Sugere estratégias para lidar com falhas, como retry policies.

3. Integração MongoDB + RabbitMQ com C#

Em arquiteturas modernas, é comum usar MongoDB para persistência de dados e RabbitMQ para comunicação assíncrona. GenAI pode ajudar a unir essas tecnologias com eficiência.

Caso de Uso Prático: Processamento de Pedidos

- **Passo 1**: O cliente cria um pedido, que é salvo no MongoDB.

- **Passo 2**: Uma mensagem é enviada para o RabbitMQ, indicando que o pedido precisa ser processado.
- **Passo 3**: Um consumidor RabbitMQ lê a mensagem e realiza o processamento.

Exemplo de Código:

```
// MongoDB: Salvando o pedido

public async Task SaveOrder(IMongoCollection<Order> collection, Order order)

{

await collection.InsertOneAsync(order);

// Enviando mensagem para RabbitMQ

PublishOrderMessage(order.Id);

}

// RabbitMQ: Publicando a mensagem

public void PublishOrderMessage (ObjectId orderId)

{

var factory = new ConnectionFactory() { HostName = "localhost" };

using var connection = factory.CreateConnection();

using var channel = connection.CreateModel();

var message = orderId.ToString();
```

```
        var body = Encoding.UTF8.GetBytes(message);
        channel.BasicPublish(exchange: "",
            routingKey: "order_queue",
            basicProperties: null,
            body: body);
        Console.WriteLine(" [x] Sent Order ID: {0}",
message);
        }
        // RabbitMQ: Consumindo a mensagem e
atualizando no MongoDB
        public void ProcessOrder(IMongoCollection<Order>
collection)
        {
        var factory = new ConnectionFactory() { HostName =
"localhost" };
        using var connection = factory.CreateConnection();
        using var channel = connection.CreateModel();
        var consumer = new
EventingBasicConsumer(channel);
        consumer.Received += async (model, ea) =>
        {
        var body = ea.Body.ToArray();
```

```
var orderId = new
ObjectId(Encoding.UTF8.GetString(body));

var filter = Builders<Order>.Filter.Eq(o => o.Id,
orderId);

var update = Builders<Order>.Update.Set(o =>
o.Status, "Processed");

await collection.UpdateOneAsync(filter, update);

Console.WriteLine(" [x] Processed Order ID: {0}",
orderId);

};

channel.BasicConsume(queue: "order_queue",

    autoAck: true,

    consumer: consumer);

}
```

Como Configurar Esse Workflow com GenAI

1. Use ferramentas como GitHub Copilot para:
   - Gerar código básico para operações CRUD no MongoDB.
   - Criar métodos para publicar e consumir mensagens no RabbitMQ.
2. **Debug e Performance**: Use GenAI para:
   - Identificar gargalos no processamento.

    - Sugerir melhorias na configuração de filas (como prefetch count no RabbitMQ).

3. **Documentação**: Ferramentas de GenAI podem gerar automaticamente:
    - Documentação para APIs e classes.
    - Diagrama do fluxo de dados entre MongoDB e RabbitMQ.

Benefícios e Usos de GenAI

1. Automação de Tarefas Criativas: Reduz o esforço manual em áreas como redação, design e produção de mídia.
2. Personalização em Escala: GenAI pode criar conteúdo adaptados para diferentes públicos e preferências individuais.
3. Eficiência em Negócios: Facilita a geração de campanhas de marketing, relatórios e prototipagem de ideias.
4. Acessibilidade: Tradutores automáticos e geradores de conteúdo facilitam a comunicação global.
5. Inovação em Educação: Auxilia na criação de materiais didáticos interativos e personalizados.

Considerações Éticas e Desafios

Embora os GenAIs sejam incrivelmente poderosos, eles levantam preocupações éticas e técnicas:

- **Plágio e Propriedade Intelectual**: Quem é o dono do conteúdo gerado pela IA?
- **Preconceitos e Desinformação**: Modelos podem replicar ou amplificar vieses dos dados de treinamento.
- **Impacto no Emprego**: Automação pode substituir certas funções criativas.
- **Uso Malicioso**: Ferramentas como deepfakes podem ser usadas para enganar ou manipular.

As Generative Apps AI representam uma evolução impressionante no campo da inteligência artificial, oferecendo soluções inovadoras para diversos setores. Com modelos avançados e acessíveis, a tecnologia tem potencial para transformar indústrias inteiras, mas também requer regulamentação ética e transparência para garantir seu uso responsável.

O design centrado no usuário é um aspecto que nunca deve ser negligenciado. Criar um aplicativo que seja intuitivo e fácil de usar pode ser o fator decisivo entre a aceitação ou o abandono do produto. Realizar testes de usabilidade com grupos pequenos de usuários antes de um lançamento formal pode proporcionar insights valiosos. Este feedback pode orientar melhorias que potencializam a experiência do usuário, eliminando as frustrações antes que alcancem um público maior de analistas e usuários.

Quando o aplicativo estiver em funcionamento, é fundamental traçar uma estratégia de monetização que respeite a experiência do usuário. Muitas opções estão disponíveis para transformar um aplicativo em uma fonte de receita: compras internas, assinaturas e até mesmo conteúdo patrocinado, se bem incorporado. A chave está em encontrar um modelo que equilibre a experiência do consumidor com uma geração de receita sustentável.

O sucesso de um aplicativo não se resume a uma implementação inicial; um plano contínuo de marketing e divulgação é essencial. A utilização de SEO e ASO é vital para garantir que o aplicativo seja facilmente encontrado nas lojas virtuais. Suas descrições, tags e imagens devem ser otimizadas para maximizar a visibilidade e atrair o público certo. Um plano robusto que inclua marketing em redes sociais e colaboração com influenciadores digitais pode amplificar seu alcance e fortalecer a imagem da marca.

Finalmente, após o lançamento, deve-se abrir um canal de comunicação contínua com os usuários, buscando feedbacks que alimentem futuras atualizações do aplicativo. O relacionamento não termina no download, e manter um diálogo ativo com seus usuários não só melhora a fidelidade, mas também gera uma comunidade em torno do seu aplicativo, onde melhorias e novos recursos são comunicados de maneira dinâmica e eficaz.

Em suma, desenvolver aplicativos com Inteligência Artificial é uma oportunidade rica e inovadora que demanda atenção cuidadosa em cada etapa do processo. Desde a pesquisa de mercado até o lançamento e as iterações contínuas, cada fase é uma chance de criar uma solução notável que não apenas atenda às necessidades atuais, mas também antecipe as demandas futuras de um mercado em rápida evolução. O futuro é promissor, e aqueles que adotarem essa abordagem centrada no usuário, com o suporte da IA, estarão à frente na corrida pela criação de aplicativos que realmente impactam a vida de milhões.

Ao mergulharmos nas estratégias de monetização e marketing para aplicativos com Inteligência Artificial, é crucial pensar nas múltiplas formas através das quais um aplicativo pode gerar receita. Cada modelo de monetização carrega suas próprias nuances e possibilidades, e escolher o mais adequado é um passo determinante na jornada do desenvolvimento.

Uma das formas mais comuns de monetização é através das compras dentro do aplicativo. Essa estratégia permite que o aplicativo seja baixado gratuitamente, oferecendo ao usuário uma experiência básica. Dentro do app, recursos adicionais, como conteúdo exclusivo, upgrades ou funcionalidades especiais, podem ser desbloqueados mediante pagamento. Pense em jogos que oferecem itens, novas fases ou personagens com um pagamento. Esse modelo não apenas aumenta a receita, mas também engaja o usuário, já que muitos estão dispostos a pagar por experiências enriquecedoras.

As assinaturas são outra vertente que tem ganhado força. Neste modelo, o usuário paga uma taxa recorrente — mensal ou anual — para acessar conteúdo ou funcionalidades premium. Aplicativos de streaming de música e vídeo, como Spotify e Netflix, destacam-se nesse modelo, pois prometem um fluxo contínuo de receita enquanto oferecem um serviço ininterrupto de valor aos assinantes. A transparência sobre o que está incluído na assinatura é fundamental para conquistar e manter esses usuários.

Ainda temos a possibilidade da publicidade, que pode ser implementada de forma sutil ou por meio de banners interativos e anúncios em vídeo. Muitas vezes, nesse modelo, o download do aplicativo é gratuito e os conteúdos ficam disponíveis sem custo, gerando receita por meio de impressões e cliques em anúncios. Contudo, é preciso ter cuidado para que a experiência do usuário não seja prejudicada. A chave é encontrar um equilíbrio que mantenha a atenção do usuário enquanto gera uma renda viável.

Ao abordar a promoção do aplicativo, desenvolver um plano de marketing robusto é imprescindível. Antes do lançamento, é essencial criar uma expectativa positiva em torno do aplicativo. Envolver influenciadores e criar campanhas nas redes sociais pode amplificar a conscientização e o engajamento inicial. Anúncios pagos em plataformas como Facebook e Google Ads são estratégias eficazes para alcançar públicos específicos e direcionar tráfego para o download do seu aplicativo.

Após o lançamento, a otimização para lojas de aplicativos (ASO) é uma prática que não deve ser subestimada. Otimizar descrições, tags e capturas de tela pode fazer toda a diferença na visibilidade do app. Incorporar palavras-chave relevantes aumenta as chances de que o aplicativo seja encontrado nas lojas, atraindo novos usuários. Para saber quais palavras são mais eficazes, pode-se realizar pesquisas de mercado e competitividade.

O feedback dos usuários é uma mina de ouro que, se bem aproveitada, pode levar a melhorias constantes. Após o lançamento, é importante estabelecer canais ativos onde os usuários possam sugerir melhorias ou relatar problemas. Realizar pesquisas de satisfação e acompanhar avaliações nas lojas de aplicativos ajuda a entender as expectativas do consumidor e a realidade de uso do app. Cada feedback é uma oportunidade de crescimento, permitindo que você faça ajustes na interface, serviços ou conteúdo, garantindo uma experiência mais enriquecedora aos usuários.

Nesse cenário em constante mudança, um ciclo de atualização e inovação precisa ser estabelecido. O desenvolvimento contínuo, com lançamentos regulares de novas funcionalidades e conteúdos, não apenas mantém o engajamento, mas também retornam valor à comunidade de usuários, que aprenderá a confiar na sua marca. Ao transformar o aplicativo em um serviço que evolui com as necessidades dos usuários, você fortalecerá a lealdade do consumidor e potencializará o crescimento do seu negócio.

Por fim, ao empreender na criação de aplicativos com IA, as estratégias de monetização e marketing não são apenas passos, mas peças fundamentais que estruturam a jornada do desenvolvimento do aplicativo. Elas vão além de meras transações comerciais, refletindo um compromisso genuíno em entregar valor e resolver os reais desafios da sociedade moderna. Ao se atentar para isso e aplicar essas práticas de forma eficaz, você estará não apenas criando um produto, mas um relacionamento duradouro e impactante com os seus consumidores. A grande oportunidade está diante de você; aproveite-a e transforme suas ideias em soluções que realmente importam.

Capítulo 7: Ideia 5 - Investimentos Assistidos por IA

A evolução dos investimentos ao longo das últimas décadas reflete não apenas mudanças econômicas, mas também revoluções tecnológicas. Antigamente, o investidor se via cercado de gráficos no papel, canetas e compassos — um mundo que exigia paciência e, muitas vezes, sorte. Hoje, em tempos de conectividade rápida e acesso a informações em tempo real, a Inteligência Artificial surge como a nova entidade auxiliar nesse vasto oceano de oportunidades. Imagine a IA como um assessor financeiro moderno, que não só oferece insights baseados em dados, mas também consegue aprender e se adaptar a riscos que antes poderiam passar desapercebidos. Assim, a forma de investir está mudando, proporcionando uma abordagem mais estratégica e eficiente.

Mas o que, exatamente, significa investir assistido por IA? Este conceito gira em torno do uso de algoritmos avançados e análises preditivas para otimizar decisões financeiras. Pense em um aplicativo que não só analisa o comportamento de ações, mas também aprende e prevê tendências do mercado a partir de dados históricos e em tempo real. É como ter um assistente que constantemente estuda o horizonte das finanças e traz até você as melhores oportunidades de investimento com base em um vasto conjunto de informações que um humano teria dificuldade em sistematizar. Exemplos do cotidiano, como plataformas que oferecem recomendações de ações ou sugestões personalizadas com base em seu perfil de investidor, tornam essa tecnologia acessível e prática, transformando o ato de investir em algo mais palpável e compreensível.

Desse modo, a introdução de robôs de investimento e sistemas automatizados permite que o investidor comum, sem necessariamente um conhecimento aprofundado, consiga explorar o mercado de forma mais confiante. A possibilidade de acessar ferramentas que fazem a análise de risco e retornos potenciais em um piscar de olhos democratiza esse universo, tornando-o mais inclusivo e empoderador para todos.

À medida que avançamos nesse novo cenário financeiro, é essencial estar preparado para desconstruir preconceitos sobre tecnologia e investimentos e dispor-se a explorar essas oportunidades com a mente aberta. Afinal, enquanto a tradição pode trazer segurança, a inovação promete agilidade de síntese e uma análise mais precisa. E lembre-se: em um mundo que está em constante evolução, quem não se adapta, fica para trás.

Portanto, embarque nessa jornada conosco. Vamos desvendar como a integração da Inteligência Artificial pode revolucionar sua experiência de investimento, trazendo não apenas lucro, mas também segurança e esclarecimento em suas decisões financeiras. O futuro dos investimentos assistidos por IA é promissor e repleto de opções em potencial; é hora de explorar e descobrir as possibilidades que lhe aguardam.

A trajetória de um investidor conectado ao mundo da tecnologia está intrinsecamente ligada à capacidade de analisar uma ampla base de dados complexos e fazer previsões com precisão. A inteligência artificial (IA) desempenha um papel vital nesse processo, permitindo que investidores acessem informações que, há anos, eram inalcançáveis. Imagine poder examinar milhões de dados em segundos — esse é o poder da IA. Ferramentas modernas são projetadas para processar grandes volumes de dados, apresentando análises e previsões que revelam tendências do mercado, tornando o complexo mundo das finanças mais acessível e fácil de entender.

Um exemplo claro dessa revolução pode ser encontrado nas plataformas de investimento que utilizam algoritmos para prever comportamentos de ações e identificar oportunidades de compra e venda em tempo real. Esses sistemas são alimentados por dados que vão desde o histórico de preços até notícias do mercado, tudo analisado de forma a identificar padrões que não seriam perceptíveis a olhos e percepção humanos. Ao empregar IA na análise de milhares de variáveis, esses aplicativos geram insights que ajudam a moldar decisões de investimento mais robustas, mais informadas e assertivas.

Além de análises preditivas, a IA oferece um banco de ferramentas para gestão de riscos, um aspecto crucial para quem pretende manter um portfólio saudável e responsável. Os algoritmos são capazes de detectar padrões de comportamento anômalo que poderiam indicar riscos iminentes, como uma variação acentuada nos preços de um ativo ou o surgimento de eventos negativos associados a uma empresa. Desta forma, investidores são alertados para a necessidade de ajustar suas estratégias e reavaliar suas carteiras conforme as dinâmicas do mercado mudam.

Investidores que abraçaram a análise assistida por IA têm colhido frutos substanciais. Um estudo recente mostrou que, ao integrar ferramentas de IA em sua rotina de investimento, muitos conseguiram melhorar significativamente o retorno sobre investimento, não apenas reduzindo perdas, mas também maximizando os ganhos em ativos que apresentavam um potencial não revelado anteriormente. A história de um pequeno investidor que começou com uma quantia modesta e, ao aplicar insights obtidos de uma plataforma de IA, conseguiu diversificar sua carteira e aumentar sua rentabilidade, é inspiradora e evidencia o impacto transformador dessa tecnologia.

Entretanto, é essencial adotar uma abordagem crítica ao alavancar a IA nas decisões financeiras. Apesar de sua capacidade comprovada, a tecnologia não está isenta de riscos. A dependência excessiva de algoritmos para tomar decisões pode levar à complacência ou à indiferença — o que pode se tornar um erro devastador. A riqueza de informações que os sistemas de IA fornecem deve ser equilibrada com o bom senso e o julgamento do investidor. Assim como o piloto de um avião que confia em seu computador de bordo, mas continua atento aos detalhes e à dinâmica do ambiente ao redor, um investidor deve manter uma visão holística do cenário financeiro.

Por fim, entre os benefícios da utilização da IA nos investimentos, encontramos um ponto crucial: a democratização do acesso ao conhecimento. Hoje, tanto um investidor profissional quanto uma pessoa que está começando podem se beneficiar dessa tecnologia, que não apenas nivela o campo de jogo, mas também equipa todos com ferramentas para fazer escolhas mais informadas. Ao se responsabilizar pelas próprias decisões, o investidor moderno pode trilhar um caminho cheio de oportunidades e, com a ajuda da inteligência artificial, levar seus investimentos a um novo patamar de entendimento e lucratividade.

Os investimentos assistidos por Inteligência Artificial, apesar das inúmeras vantagens, também embutem desafios importantes que precisam ser considerados com cautela. O uso dessa tecnologia não é isento de problemas éticos e questões de segurança que se tornam cada vez mais relevantes à medida que os consumidores confiam suas finanças a algoritmos projetados para analisar e prever o mercado.

Um dos principais riscos associados à IA é o viés em algoritmos. Essas ferramentas são alimentadas por dados que, se não forem representativos de uma variedade de cenários, podem levar a previsões distorcidas, influenciadas por preconceitos inconscientes incorporados nos dados de treinamento. Assim, decisões de investimento podem ser influenciadas desproporcionalmente, resultando em resultados que não refletem uma análise verdadeira do mercado. É essencial que os desenvolvedores de software e os investidores estejam conscientes dessa questão e busquem ativamente fontes de dados diversificadas e justas ao construir suas ferramentas de análise.

Além disso, a segurança dos dados é uma preocupação crescente. Os investidores devem estar cientes de que suas informações financeiras e dados pessoais podem ser suscetíveis a violações de segurança. Isso torna imperativo que os desenvolvedores adotem práticas consistentes de proteção de dados. Transmitir confiança aos usuários é essencial, e isso se reflete em um compromisso claro com a segurança e a transparência. A confiança é um ingrediente fundamental na relação entre tecnologia e indivíduo, e qualquer falha nesse aspecto pode resultar em perda de credibilidade e, certamente, usuários insatisfeitos.

Outro desafio a ser discutido é a dependência excessiva da tecnologia. Embora a IA ofereça um suporte poderoso na tomada de decisões, o perigo de confiar unicamente em soluções automatizadas pode levar à acomodação do investidor. É fundamental lembrar que, por mais avançada que seja uma ferramenta, nada pode substituir o juízo crítico e o conhecimento adquirido pelo próprio investidor ao longo de sua jornada. Um investidor deve operar com a consciência de que a inteligência artificial é apenas uma parte de um quadro mais amplo — a visão holística do mercado.

Quando se trata de tomada de decisão, é vital manter um olhar atento às informações que a IA fornece, mas inseri-las em um contexto mais amplo que inclui conhecimento prévio, atualizações do mercado e dados políticos, sociais e econômicos. A habilidade de discernir informações valiosas de ruídos de mercado vai além das capacidades tecnológicas e se baseia em um entendimento profundo e contínuo da dinâmica econômica.

Por fim, o último aspecto a considerar envolve a educação contínua no uso dessas ferramentas. Os investidores devem cultivar uma mentalidade de aprendizado permanente, mantendo-se atualizados sobre as tendências de mercado, inovações tecnológicas e os próprios desenvolvimentos da Inteligência Artificial. A caminhada no mundo dos investimentos pode se tornar um ciclo enriquecedor de crescimento, onde riscos são discutidos e fracionados, onde a troca de ideias floresce, e onde cada investidor aprende não apenas a utilizar suas ferramentas, mas também a discernir como elas se encaixam em seus próprios objetivos e filosofias de investimento.

Assim, ao adotar um investimento assistido por IA, é vital navegar neste território com discernimento, consciente dos desafios envolvidos. Em última análise, o sucesso nessa nova era de investimentos dependerá da capacidade de equilibrar inovação e prudência, sempre buscando o aprimoramento e a reflexão crítica. O mundo dos investimentos nunca esteve tão à frente em termos de tecnologia, e a decisão de embarcar nessa jornada é, sem dúvida, um passo em direção a um futuro intrigante e meritório.

Para aqueles que desejam iniciar no mundo dos investimentos assistidos por Inteligência Artificial, o primeiro passo essencial é escolher as plataformas digitais certas que servirão de aliadas nessa jornada. No mercado, existem diversas ferramentas inovadoras que prometem não apenas simplificar o processo de investimento, mas também potencializá-lo. Aplicativos como o Robinhood e a plataforma da eToro, por exemplo, permitem que os usuários não só negociem ações, mas também aproveitem recursos baseados em IA que fornecem análises contínuas de mercado e indicações personalizadas. Essas ferramentas democratizam o acesso a conhecimentos que antes eram reservados apenas a investidores experientes.

IAs voltadas para Analistas de Investimento

1 - **Trades Ideias** (voltada para Traders do Mercado Financeiro);

2 - **TrendSpider** (também voltada para Traders);

3 - **Black Box Stocks** (boletim informativo sobre o Mercado Financeiro);

4 - **Zignaly** (para investir em Criptomoedas);

5 - **Status Invest** (uma assessoria para o mercado nacional).

"O Brasil, apesar de não figurar entre os principais mercados investidores em Inteligência Artificial Generativa (GenAI), é o país com maior número proporcional de usuários que declararam já ter utilizado essa tecnologia. Segundo uma pesquisa inédita da consultoria global Oliver Wyman, 57%

dos brasileiros afirmaram já ter usado plataformas de IA, um percentual superior ao de países como Espanha, França, Austrália e até os Estados Unidos." (Exame, 07/10/2024)

Ao se aventurar pelas funcionalidades dessas plataformas, o ideal é começar com uma conta demo, que permite realizar simulações de investimento sem arriscar capital real. Essa experiência prática e segura é fundamental para familiarizar-se com a interface e compreender como as ferramentas de IA funcionam na prática. O aprendizado é imersivo e, quando acompanhado de cursos online sobre investimentos e inteligência artificial, cria uma base sólida para decisões mais assertivas no futuro.

A estratégia de investimento é uma parte crucial deste processo. Antes de mergulhar de cabeça, é importante que o investidor defina o seu perfil: se é conservador, moderado ou agressivo? Cada um desses perfis demanda uma abordagem distinta em relação aos ativos escolhidos e ao quanto de risco é aceitável. Juntamente com as análises e recomendações que a IA pode fornecer, o conhecimento prévio do investidor sobre sua tolerância ao risco facilitará a formação de um portfólio balanceado e consistente.

Além disso, incorporar a IA na elaboração da sua estratégia de investimento permite reconhecimento de padrões que podem ser decisivos. Por exemplo, plataformas baseadas em IA podem identificar tendências de consumo e movimento de mercado que indicam quando é o momento ideal para comprar ou vender. Com essas dicas e ferramentas, os investidores têm a oportunidade de transformar conhecimento em prática, aprimorando cada vez mais suas habilidades e aumentando a eficiência e assertividade em suas decisões.

Fomentar uma mentalidade de aprendizado contínuo é, sem dúvida, o caminho mais sábio. O mundo dos investimentos está sempre em evolução, e isso também se aplica às tecnologias que assistem neste processo. Livros sobre finanças pessoais, blogs especializados e podcasts são recursos valiosos que podem enriquecer a jornada de qualquer investidor. Ficar atento às tendências do mercado e às inovações que surgem na área de IA garante que você não apenas permaneça relevante, mas que também esteja preparado para se adaptar e prosperar em um ambiente que está em constante mudança.

Por fim, lembre-se de que o ativo mais precioso que você pode cultivar como investidor é a curiosidade no suporte para o acerto das suas decisões. O desejo de aprender, explorar e experimentar com as novas tecnologias será seu maior aliado. Abra-se para o mundo dos investimentos assistidos por IA e descubra não apenas um novo modo de pensar, mas também a possibilidade de transformar suas finanças pessoais de maneira decisiva. O futuro dos investimentos já chegou, e ele está repleto de oportunidades esperando para serem exploradas.

Capítulo 8: Ideia 6 - Criação de Conteúdo Generativo

Ao olhar para o mundo digital sob a perspectiva da criação de conteúdo, somos levados a entender um conceito que está em constante evolução: a criação de conteúdo generativo. Essa modalidade revolucionária não se limita apenas a replicar informações; ela utiliza algoritmos sofisticados e inteligência artificial para gerar textos, imagens, músicas e muitos outros formatos de conteúdo que cativam e engajam o público de maneiras inovadoras.

O termo "conteúdo generativo" encapsula um vasto universo em que máquinas e IA não só imitam a criatividade humana, mas muitas vezes a expandem de formas que surpreendem e instigam. Pense nas ferramentas atuais que utilizam IA para compor música que ressoa com a emocionalidade humana ou para criar visuais que podem ser tão impactantes quanto uma obra de arte tradicional. O que antes parecia um sonho futurista agora se torna uma realidade acessível e prática, transformando o setor criativo em um campo de possibilidades infinitas.

À medida que essas ferramentas evoluem, a importância da inovação tecnológica se torna clara. Criadores de conteúdo em diversas áreas estão adotando a criação assistida por IA para aprimorar seu trabalho. Por exemplo, um blog sobre saúde pode utilizar IA para gerar artigos otimizados para SEO, garantindo que o conteúdo não apenas informe, mas também alcance um público mais amplo. Além disso, a presença de plataformas que facilitam essa criação permite que qualquer pessoa, independentemente de sua experiência anterior, possa explorar e expressar sua criatividade de maneira eficaz e acessível.

Um caso fascinante é o uso de ferramentas de geração de arte, como o DALL-E, que captura a essência de ideias complexas e as traduz em imagens visuais. Artistas e designers encontram-se em um ponto de virada — ao invés de ver a IA como uma ameaça, eles passam a reconhecer essa tecnologia como uma colaboradora que proporciona novas formas de expressão. Estão sendo elaboradas coleções de moda com o auxílio de algoritmos que identificam tendências emergentes, ou até mesmo obras literárias que encadeiam narrativas com um toque surpreendente de emoções.

A criação de conteúdo generativo também oferece a oportunidade de estabelecer novas formas de engajamento com o público. A interatividade possibilitada por essas plataformas revolucionárias liga criadores e consumidores como nunca. Imagine um jogo ou uma narrativa interativa onde os usuários podem influenciar o rumo da história — isso é criação generativa em ação. Os criadores, munidos com insights mecânicos e a capacidade de resposta em tempo real, podem moldar experiências que não apenas informam, mas também cativam e divertem.

Neste contexto, deparamo-nos com a questão fundamental sobre como esses avanços podem ser impulsionados de forma responsável. À medida que mergulhamos nessas novas tecnologias, a consciência sobre autenticidade e ética na criação será crucial. A linha que separa a inspiração da cópia pode se tornar tênue, e o compromisso com um padrão moral será essencial para definir o futuro da criação de conteúdo.

Em resumo, a criação de conteúdo generativo não é apenas uma inovação tecnológica; é uma revolução criativa que nos convida a explorar o potencial ilimitado da colaboração entre humanos e máquinas de IA. Ao passarmos pela jornada do próximo segmento — plataformas e ferramentas que tornam essa criação possível — estaremos equipados com o conhecimento para transformar essas ideias de forma prática e gerar um impacto significativo em nossas áreas de atuação. Prepare-se para desbravar essa nova fronteira e descobrir como você pode se tornar parte desse emocionante fenômeno da era digital.

No vasto universo da criação de conteúdo generativo, as ferramentas que estão emergindo foram projetadas para facilitar e expandir as capacidades criativas de indivíduos e organizações. Entre essas ferramentas, destacam-se plataformas como o ChatGPT, DALL-E e Amper Music, cada uma oferecendo uma proposta única e poderosa para quem deseja produzir material de qualidade com agilidade e inovação.

O ChatGPT fornece uma interface amigável e eficaz para a gestão de textos. Com essa plataforma, usuários podem gerar desde artigos completos a diálogos persuasivos, decifrando a complexidade da linguagem com facilidade impressionante. A chave para um uso eficaz desta ferramenta reside na formulação de prompts que sejam claros e focados. Ao articular bem suas ideias e intenções, você poderá assistir à emergência de textos que não apenas atendem, mas superam suas expectativas. Experiências práticas, como pedir sugestões de temas, estruturas de artigo ou até mesmo diálogos envolventes, ajudam a refinar suas habilidades e a aumentar a qualidade do conteúdo gerado.

DALL-E, por sua vez, revoluciona a criação visual. Esta plataforma é capaz de transformar descrições textuais em imagens deslumbrantes, permitindo que artistas e criadores explorem conceitos de uma maneira completamente nova. Ao utilizar DALL-E, o truque está em ser específico com seus pedidos. Quanto mais detalhada e precisa a descrição, mais impressionante será a imagem gerada. Esse recurso é particularmente útil para campanhas de marketing, onde visuais atraentes são imprescindíveis para capturar a atenção do público. A criatividade não tem limites quando se trata de ilustrar suas ideias — desde elementos de decoração até personagens de histórias, a IA se torna uma aliada neste processo apaixonante.

Amper Music oferece uma abordagem inovadora na produção musical. Com essa ferramenta, é possível criar trilhas sonoras personalizadas de forma rápida e simples, sem necessidade de experiência prévia em composição musical. A plataforma permite que usuários escolham o estilo musical desejado, os instrumentos e até os sentimentos que desejam evocar. Ao explorar as diversas sonoridades e ritmos, mesmo aqueles sem formação musical podem producir faixas que se alinhem perfeitamente às suas emoções e projetos. Utilize essa ferramenta para enriquecer vídeos, apresentações e até podcasts, elevando a experiência do seu público a patamares surpreendentes.

A chave para maximizar o potencial dessas ferramentas de conteúdo generativo é a prática constante. Ao experimentar e testá-las, você descobrirá a grande diversidade de possibilidades que cada uma oferece. Experimente criar uma história interativa utilizando o ChatGPT ou produza um visual marcante que mescle diferentes estilos no DALL-E. Seus projetos não só se tornarão mais ricos, mas você também se verá imerso em um processo criativo vibrante.

No entanto, a jornada de criação não deve ser apenas sobre produção; é igualmente importante compreender a melhor forma de formatar e distribuir esse conteúdo. Em um mundo onde a atenção do público é cada vez mais fugaz, otimizar a apresentação de seu material pode fazer toda a diferença. Pense em como biografias impactantes ou descrições cativantes podem elevar a percepção do seu trabalho. Ao utilizar SEO (Search Engine Optimization) para garantir que seu conteúdo seja facilmente encontrado, você não apenas amplia sua audiência, mas também solidifica sua presença no ambiente digital.

Por fim, é essencial lembrar que as ferramentas de criação generativa funcionam como extensões da criatividade humana. Embora a tecnologia ofereça soluções inovadoras, a essência de sua obra ainda deve ser marcante e autêntica. Busque sempre equilibrar a eficiência dessas plataformas com seu toque pessoal, garantindo que a mensagem que deseja transmitir permaneça inconfundível. Assim, ao integrar a IA na criação de conteúdo, você não apenas produz material atraente e acessível, mas também convida o público a participar de uma experiência enriquecedora e memorável. A expressão criativa ganhou um novo significado — abrace essa jornada e transforme suas ideias em realidades tangíveis e inspiradoras.

A monetização do conteúdo gerado por Inteligência Artificial abre um leque de oportunidades que vai muito além da simples criação. Imagine transformar ideias e criações em fontes de renda consistentes. Hoje em dia, com as ferramentas adequadas, qualquer um pode se tornar um empreendedor digital, alavancando suas habilidades criativas assistidas por IA. Vamos explorar alguns dos modelos mais eficazes de monetização que podem ser adotados.

Uma das abordagens mais populares é o marketing de afiliados. Ao produzir conteúdo gerado por IA, seja texto ou visual, criadores podem incorporar links de afiliados que direcionam o público a produtos ou serviços específicos. Cada vez que alguém faz uma compra através desses links, o criador recebe uma comissão. Por exemplo, ao criar um blog sobre tecnologia com artigos gerados por IA, é possível incluir links para produtos recomendados, gerando uma renda passiva consistente enquanto proporciona valor real ao leitor.

Além disso, a produção de cursos online é outro caminho promissor. Usando ferramentas de IA, é viável desenvolver materiais interativos e ricos que ensinem uma variedade de habilidades, desde marketing digital a design gráfico. Plataformas como Hotmart e Udemy permitem que criadores lancem cursos e alcancem um público global. Imagine construir um curso onde conteúdos dinâmicos, elaborados com assistência de IA, atraem alunos ansiosos por aprender de maneira envolvente. Isso não apenas proporciona renda, mas também a satisfação de compartilhar conhecimento.

Outra estratégia lucrativa é a venda de e-books. Os textos gerados por IA podem ser compilados em guias, histórias ou manuais, prontos para serem vendidos em diversas plataformas digitais. Pense em um autor que, através da IA, lança uma série de e-books sobre temas de grande interesse, como desenvolvimento pessoal ou investimentos. Além da venda direta, a possibilidade de criar pacotes promocionais ou ofertas exclusivas à sua comunidade de leitores pode aumentar ainda mais a rentabilidade.

O merchandising também não deve ser esquecido. Para quem cria conteúdo visual, a possibilidade de imprimir camisetas, canecas ou pôsteres com ilustrações geradas por IA se torna uma extensão natural da criatividade. Plataformas como Printful ou Redbubble facilitam o processo de criação e venda desses produtos, permitindo que os criadores foquem no que fazem de melhor — criar. Quantas vezes você já se sentiu atraído por uma estampa inovadora? Ao permitir que sua arte ganhe vida em produtos físicos, a monetização se torna não apenas um objetivo, mas também uma maneira envolvente de se conectar com seu público.

Histórias de sucesso inspiradoras já estão por todo lado, mostrando que a combinação de criatividade e tecnologia pode trazer resultados surpreendentes. Um exemplo marcante é o caso de um artista digital que usou DALL-E para gerar ilustrações incríveis e, em seguida, lançou sua própria coleção de NFTs (tokens não fungíveis). O artista não apenas conseguiu monetizar suas criações, mas também estabeleceu uma comunidade de fãs engajados que apoiam seu trabalho. O uso da IA tornou-se a ponte entre sua visão artística e o sucesso comercial, demonstrando que é possível entrar em mercados emergentes com uma abordagem inovadora.

Outro caso é o de influenciadores digitais que utilizam conteúdo gerado por IA para otimizar suas postagens e aumentar o engajamento com o público. Ao utilizar ferramentas como o ChatGPT para criar legendas e textos que repercutem profundamente, eles conseguem não apenas atrair mais seguidores, mas também transformar essas interações em oportunidades de patrocínio e parcerias comerciais. O resultado é uma renda significativa gerada a partir de algo que antes parecia um mero hobby.

Ao final de tudo, a monetização do conteúdo gerado por IA se estabelece como um caminho vibrante e cheio de possibilidades. É uma combinação de criatividade, inovação e, acima de tudo, um espírito empreendedor. Quem abraça essa nova era não só traz à vida projetos que antes pareciam distantes, como também se posiciona para colher os frutos de um trabalho que une o melhor da tecnologia com o talento humano. O convite está feito: abra a porta para essa nova dimensão de potencial criativo e descubra o que você pode construir. O futuro da monetização é agora!

A criação de conteúdo generativo, embora fascinante, não está isenta de desafios e dilemas éticos que merecem nossa atenção. Ao explorar as incríveis possibilidades oferecidas pela Inteligência Artificial, é vital refletir sobre as implicações de utilizar essa tecnologia de forma responsável.

Um dos principais dilemas que encontramos no território do conteúdo gerado por IA é a questão dos direitos autorais. Quando uma máquina cria algo, quem é o verdadeiro autor? Isso levanta uma série de perguntas: os algoritmos que alimentam essas ferramentas estão sendo treinados com material que seja livre de direitos? As informações e inspirações utilizadas estão devidamente creditadas? Estas questões exigem um olhar atento, pois a violação de direitos autorais pode levar a conflitos legais e à perda de credibilidade. Os criadores devem ser transparentes sobre as fontes e os métodos que utilizam na geração de conteúdo, assim como garantir que respeitam as obras de outros artistas.

Ainda mais dissimulada é a questão da autenticidade. Em um mundo onde as máquinas podem replicar estilos ou gerar obras que imitam a criatividade humana, a linha entre originalidade e cópia se torna tênue. As ferramentas de IA são projetadas para aprender com grandes quantidades de dados, o que pode resultar na produção de conteúdos que, embora pareçam únicos, estão baseados em padrões existentes. Isso nos leva a uma reflexão urgente:

como podemos garantir que a inovação e a originalidade sejam preservadas, mesmo quando apoiadas por práticas generativas?

Além disso, a curadoria do conteúdo gerado por IA é um aspecto que não pode ser negligenciado. Embora as máquinas sejam capazes de produzir textos e imagens impressionantes, o discernimento humano continua sendo essencial para validar e refinar essas obras. A avaliação crítica do material e sua contextualização precisam ser supervisionadas por criadores que compreendam a profundidade do que está sendo produzido. Criar não é apenas clicar em um botão — é um ato de pensamento que requer sensibilidade e compreensão.

O futuro do conteúdo generativo será também definido pela forma como as comunidades de criadores se adaptam e abraçam a IA mantendo um enfoque ético e consciente. A ideia de colaboração entre humanos e máquinas deve pautar esse futuro, em que tecnologias servem como extensões criativas, e não meramente ferramentas. A forma como utilizamos a IA pode moldar nossa identidade como criadores e definir o que consideramos arte, inovação e expressão.

À medida que nos movimentamos para essa nova era de criação, é vital que criadores se eduquem sobre as questões éticas relacionadas ao seu trabalho. A educação continua sendo um baluarte fundamental nesse processo, garantindo que, ao usarmos ferramentas poderosas, façamos isso de maneira consciente e responsável. Além disso, buscar comunidades que compartilhem essas preocupações também pode ser extremamente benéfico, promovendo um diálogo aberto e soluções colaborativas.

Finalmente, à medida que a criação de conteúdo generativo avança, também deve haver um espaço para questionar e reexaminar o impacto que essas inovações têm sobre o mercado e a sociedade. O papel dos criadores, junto à ética, deve ser de conduzir a discussão sobre como podem operar dentro das diretrizes que promovam uma indústria justa, acessível e saudável, na qual a criatividade — humana e artificial — floresça sem comprometer os princípios fundamentais de originalidade, respeito e inovação.

Assim, ao abraçarmos essa jornada promissora de criação de conteúdo generativo, precisamos estar sempre dispostos a refletir sobre nossos métodos e a ética envolvida, garantindo que, ao empregar a IA, o fazemos como agentes de mudança positiva. Que o futuro da criação de conteúdo seja não apenas emocionante, mas também ético e enriquecedor para todos.

Capítulo 9: Ideia 7 - Educação 4.0 com IA

A evolução da educação nas últimas décadas é notável, e a emergência do conceito de Educação 4.0 representa a próxima fronteira nesse processo. Estamos vivendo em uma era em que a Inteligência Artificial não é apenas uma ferramenta auxiliar, mas um motor moldador de experiências educacionais dinâmicas e interativas. Ao rever o que conhecemos como ensino tradicional, contemplamos um novo paradigma que personaliza o aprendizado, tornando-o mais envolvente e acessível a todos.

No cerne da Educação 4.0, encontramos a personalização do aprendizado como uma característica fundamental. Ao invés de aplicar uma abordagem homogênea, que muitas vezes não se encaixa na diversidade de estilos e ritmos de aprendizado, a tecnologia permite que cada estudante tenha uma experiência única. Imagine um aluno que luta com matemática; algoritmos de IA podem ajustar o conteúdo, sugerindo explicações alternativas, exercícios personalizados e até acompanhando o progresso de forma constante. Essa capacidade de adaptação não apenas melhora a compreensão, mas aumenta a motivação e o engajamento, pois cada estudante se sente visto e valorizado em sua jornada de aprendizado.

Além disso, a crescente importância da tecnologia na educação não pode ser subestimada. Soluções baseadas em IA são projetadas para facilitar a interação e a troca de conhecimento. Assistentes virtuais e chatbots são exemplos de como as instituições estão adotando tecnologia para oferecer suporte instantâneo a estudantes, respondendo a perguntas, recomendando conteúdos e até mesmo ajudando a organizar o estudo. A prática de aprender se transforma em uma experiência mais rica e significativa, onde a troca de informações se dá em tempo real, abandonando as barreiras do método educacional tradicional.

Evidências do crescimento da demanda por soluções de educação inovadoras estão por toda parte. De acordo com pesquisas recentes, o setor de educação online está projetado para continuar sua ascensão, com um aumento significativo na adoção de plataformas que oferecem experiências de aprendizado baseadas em tecnologia. Estima-se que o mercado global de e-learning deverá ultrapassar a marca de 375 bilhões de dólares até 2026. Essa estatística clara demonstra o potencial inexplorado que pode ser acessado e o apelo contínuo por métodos que respondam às necessidades de um público cada vez mais exigente.

Ao nos aventurarmos neste novo horizonte, é vital entender que a Educação 4.0 não é apenas sobre tecnologia; ela é sobre a capacidade de redefinir o papel do educador e da comunidade de aprendizado como um todo. Os professores se transformam em guias, facilitadores que utilizam ferramentas de IA para enriquecer o ensino e acomodar as exigências de uma geração ágil e conectada. A educação, uma vez rígida e padronizada, agora é um espaço de colaboração, partilha e co-criação, onde novas ideias florescem e futuros brilhantes são moldados.

Com isso, nossos olhos se voltam para as plataformas e ferramentas transformadoras que estão à disposição para navegar por essa nova era da educação. Prepare-se para explorar as inovações que levam o aprendizado a um novo nível de eficácia e alegria, utilizando o poder da Inteligência Artificial para criar experiências que não são apenas informativas, mas verdadeiramente inspiradoras.

No contexto da Educação 4.0, as plataformas e ferramentas transformadoras emergem como pilares essenciais, configurando um novo cenário para o aprendizado moderno. Entre as inovações que estão mudando a forma como educamos e aprendemos, destacam-se algumas experiências que merecem nossa atenção.

Uma das plataformas que tem se destacado é a Khan Academy, uma iniciativa que revolucionou a educação gratuita online. Por meio de um ambiente de aprendizado personalizável, ela adapta os conteúdos ao progresso de cada aluno, oferecendo vídeos explicativos e exercícios que se ajustam individualmente. Essa personalização não se limita apenas ao conteúdo, mas também à forma como as informações são apresentadas, respeitando o ritmo e o estilo de aprendizado de cada estudante. O resultado é um ambiente onde o aluno se sente mais motivado e envolvido, levando a um aumento significativo nas taxas de retenção e sucesso acadêmico.

Outras plataformas, como a Coursera e a EdX, estão mudando o panorama do ensino superior. Essas plataformas oferecem cursos de universidades renomadas, permitindo que estudantes de diversas partes do mundo adquiram conhecimentos sem sair de casa. A integração da IA vai além da simples oferta de cursos; ela permite que as plataformas analisem o comportamento dos alunos, identificando suas dificuldades e, automaticamente, recomendando materiais suplementares que atendam às suas necessidades. É um aprendizado altamente dinâmico, onde o estudante se torna o protagonista de sua jornada.

Os assistentes virtuais, como o Google Assistant e o ChatGPT, também estão desempenhando um papel revolucionário na educação. Esses agentes de IA oferecem suporte imediato ao aluno, podendo responder perguntas em tempo real. Imagine um estudante em meio a um estudo intensivo que se depara com uma dúvida sobre um conceito complicado. Com apenas um comando de voz, ele pode obter a resposta desejada, tornando o aprendizado mais fluido e menos frustrante. Esses assistentes não apenas ajudam na assimilação de informações, mas também atuam como companheiros de estudo, tornando a tarefa de aprender mais prazerosa.

Além das plataformas tradicionais, o uso de chatbots em ambientes educacionais se torna cada vez mais comum. Instituições têm implementado esses sistemas para oferecer um suporte rápido e eficaz aos alunos, respondendo a perguntas frequentes sobre matrícula, prazos e conteúdo. Essas interações não só melhoram o acesso à informação, mas também aliviam a sobrecarga administrativa sobre os educadores, permitindo que eles se concentrem em atividades que realmente fazem a diferença no aprendizado, como mentorias e atenção individualizada.

Casos de sucesso, como o da empresa Duolingo, iluminam ainda mais esse cenário. Aplicativos de aprendizado de idiomas utilizam algoritmos que se ajustam ao desempenho do usuário, oferecendo lições que se adequam às suas dificuldades e progresso. A gamificação é uma estratégia fundamental nesse processo, tornando o aprendizado de uma nova língua mais divertido e motivador. O aluno avança através de níveis e realiza desafios, criando um ambiente estimulante que ajuda a reter o conteúdo de maneira eficaz.

Essas inovações nos mostram que a Educação 4.0 representa uma relação sinérgica entre tecnologia e aprendizado, na qual a IA não é apenas uma ferramenta, mas uma colaboradora que amplia o alcance do ensino, promovendo inclusão e acessibilidade. Ao olharmos para o futuro, não podemos deixar de nos entusiasmar com o potencial que essas plataformas têm de tornar o aprendizado mais personalizado, flexível e inspirador. A maria da colaboração entre educadores e tecnologia, a janela de oportunidades se abre, convidando todos a explorar esse universo transformador, onde cada estudante pode se encontrar e brilhar em sua jornada de conhecimento.

Uma das grandes oportunidades que emergem na Educação 4.0 é a possibilidade de negócios sustentáveis que aproveitam a transformação digital. O mercado de educação digital está crescendo de forma exponencial, e a Inteligência Artificial desempenha um papel fundamental nesse movimento. A criação de cursos online, tutoriais e certificações que utilizam tecnologias inovadoras se apresenta como um campo recheado de nichos a serem explorados, cada um com seu próprio público-alvo e particularidades.

O e-learning, por exemplo, tornou-se uma alternativa viável e atraente para o público que busca aprendizado flexível e acessível. Uma pesquisa indicou que, até 2026, cerca de 375 bilhões de dólares serão movimentados nesse setor, uma prova irrefutável do apetite por formação de qualidade que respeite a individualidade do aprendiz. Criadores que decidirem entrar nesse mercado podem utilizar a IA para otimizar o conteúdo, personalizando a experiência com base nas preferências e no desempenho dos alunos.

Desde cursos de habilidades práticas até treinamentos especializados para empresas, diversificar a oferta educacional pode se traduzir em novas fontes de receita. Imagine um instrutor de culinária que, usando uma plataforma de cursos online, não apenas compartilha vídeos, mas também incorpora um assistente virtual que personaliza dicas e receitas com base no que o aluno já sabe ou nas dificuldades que enfrenta na cozinha. Essa abordagem não só atrai mais alunos, mas também cria um ambiente de aprendizado que se destaca pela interação.

As simulações e jogos também ganham destaque como oportunidades de negócio. O desenvolvimento de soluções que utilizam IA para criar ambientes de aprendizado imersivos, como simulações de negócios ou laboratórios virtuais, pode preparar os alunos com as habilidades práticas necessárias para o mercado de trabalho atual. Esses produtos permitem que os alunos experimentem em um espaço seguro, aprendendo através da prática, algo que facilita a retenção do conhecimento e prepara-os para desafios reais.

Ademais, a integração da gamificação nas experiências de aprendizado é uma estratégia poderosa para engajar usuários de todas as idades. Gamificar o aprendizado significa incorporar elementos de jogos — como pontos, classificações e recompensas — na educação. Isso não apenas torna o aprendizado mais agradável, mas também motiva os alunos a interagirem e competir, elevando as taxas de conclusão de cursos. Criadores de conteúdo que implementam essas dinâmicas podem alavancar sua oferta de cursos, atraindo um público ainda maior com propostas interativas e instigantes.

Outro nicho promissor se revela na consultoria educacional. Com o avassalador crescimento do mercado online, muitas instituições de ensino tradicional buscam transitar para o digital, e é aí que consultores com experiência em IA se tornam essenciais. Eles podem ajudar escolas e universidades a adaptarem seus currículos, treinar educadores no uso de ferramentas digitais e implementar estratégias de marketing que promovam suas novas ofertas. O conhecimento sobre como utilizar a IA para otimizar esses processos constitui uma habilidade valiosa no cenário atual.

Além disso, a criação de comunidades de aprendizado online, onde os alunos podem colaborar, trocar experiências e resolver problemas em conjunto, também se torna uma oportunidade viável. Plataformas que fomentam essa colaboração, aliadas a algoritmos de IA que sugiram conexões baseadas nas áreas de interesse, oferecem uma explosão de possibilidades educacionais. A construção de um ambiente em que o aprendizado é coletivo — com uns ajudando os outros — multiplica a experiência e enriquece o processo.

Embora essas oportunidades sejam excitantes, é vital que cada proposta educativa utilize as opções que a IA oferece de forma ética e responsável, respeitando a individualidade de cada aluno e assegurando que todos tenham acesso igual às inovações. O futuro da educação digital com IA certamente será brilhante, e aqueles que se lançarem nessa jornada não apenas estarão fazendo um investimento em suas carreiras, mas também contribuirão para oferecer um aprendizado mais inclusivo e acessível para todos. A educação transformadora está aqui, e agora é a hora de agir!

Os desafios que a integração da Inteligência Artificial (IA) traz para o campo educacional são complexos e multifacetados. Ao passo que a tecnologia avança, é essencial considerar como esses desenvolvimentos podem ser incorporados de maneira ética e responsável. Um dos principais obstáculos é a necessidade de formação contínua para educadores. Muitas vezes, os professores se sentem sobrecarregados pelas expectativas de se adaptarem rapidamente a novas tecnologias e métodos de ensino. Não é apenas uma questão de implementar ferramentas de IA, mas também de entender como utilizar essas ferramentas para enriquecer o aprendizado sem perder a essência humana da educação.

A resistência a mudanças dentro de instituições tradicionais é outro fator que pode gerar dificuldades. Muitas vezes, modelos pedagógicos antigos continuam a ser priorizados, o que limita a adoção de inovações que poderiam beneficiar alunos e educadores. A transição para a Educação 4.0 envolve não apenas tecnologia, mas também uma mudança cultural nas escolas e universidades. É fundamental que a liderança educacional esteja disposta a investir na capacitação de seus docentes, promovendo um ambiente onde a experimentação e o aprendizado contínuo possam florescer.

Além disso, as questões de privacidade dos dados dos usuários não podem ser ignoradas. O uso de IA na educação envolve a coleta de dados sensíveis sobre o desempenho e as preferências dos alunos. Isso levanta a importante questão de como esses dados são tratados e protegidos. As instituições devem garantir que implementem medidas rigorosas de segurança e que os alunos e suas famílias tenham total clareza sobre como suas informações estão sendo utilizadas e armazenadas. A confiança é um componente vital na relação entre alunos, educadores e a tecnologia.

Outro aspecto crítico diz respeito à equidade no acesso à tecnologia educacional. Apesar das promessas da Educação 4.0, é essencial reconhecer que nem todos os estudantes têm acesso às mesmas ferramentas e recursos.

A lacuna digital é uma realidade que precisa ser enfrentada, garantindo que todos os alunos, independentemente de sua origem socioeconômica, tenham a oportunidade de aproveitar os benefícios da IA no aprendizado. Isso pode incluir iniciativas como distribuição de dispositivos, acesso à internet de qualidade e programas de formação que capacitem grupos mais vulneráveis.

Por fim, ao refletir sobre como garantir que a Educação 4.0 beneficie a todos, devemos nos perguntar: como podemos criar um ambiente de aprendizado inclusivo que impulsione a diversidade e a participação de todos os estudantes? Envolver a comunidade em discussões sobre as necessidades educacionais e criar um espaço de colaboração entre estudantes, educadores e desenvolvedores de tecnologia é crucial para moldar um futuro que não apenas utilize IA, mas que o faça de maneira justa e responsável.

As considerações éticas e os desafios que surgem nesse cenário são fundamentais para garantir que a evolução da educação impulsionada pela IA promova um aprendizado inclusivo e acessível. É um convite à reflexão e à ação — juntos, podemos garantir que a Educação 4.0 não apenas revolucione o ensino, mas também que eleve a qualidade da experiência educacional para todos os alunos, independentemente de suas circunstâncias. A hora de agir é agora!

Capítulo 10: Ideia 8 - Consultoria Virtual

A consultoria virtual despontou como uma tendência emergente, especialmente no cenário atual, onde a digitalização é uma necessidade crescente. Nunca a aproximação às ferramentas tecnológicas foi tão essencial. Com um mercado cada vez mais ávido por soluções ágeis e eficientes, a consultoria virtual não só oferece um espaço inovador de atuação, mas também representa uma oportunidade irresistível para profissionais e empresas que buscam se destacar nesse novo ambiente digital.

Uma das principais forças motrizes por trás da popularidade dessa abordagem é a facilidade com que a Inteligência Artificial (IA) pode ser integrada. Com a capacidade de analisar grandes volumes de dados em questão de segundos, os consultores podem oferecer insights que estavam além de nosso alcance há poucos anos. Imagine um consultor financeiro que, munido de algoritmos avançados, consegue prever flutuações de mercado com uma precisão antes impossível. Isso não apenas otimiza a tomada de decisões, mas também proporciona uma vantagem competitiva para aqueles que desejam prosperar em um mundo em constante mudança.

Diversas empresas já estão se destacando nesse campo promissor. Por exemplo, plataformas de consultoria online estão utilizando IA para criar perfis detalhados de clientes e mapear suas necessidades específicas. Dessa forma, oferecem recomendações personalizadas que, a longo prazo, não apenas aumentam a satisfação do cliente, mas também elevam os índices de retenção. Essas histórias de sucesso demonstram que a saúde do setor não é apenas uma questão de oferecer conhecimento, mas de transformar esses dados em soluções práticas, adaptadas às realidades dos clientes.

O potencial da consultoria virtual é tão vasto que suas aplicações transcendem barreiras tradicionais. Agora, não estamos limitados à experiência local ou regional. Um consultor pode atender a clientes de todo o mundo, rompendo com as limitações geográficas. Imagine a amplitude de possibilidades quando você pode trabalhar com um cliente em São Paulo durante a manhã e, em seguida, atender outro em Lisboa à tarde. Essa conectividade global abre portas para colaborações com uma diversidade imensa de perfis, culturas e experiências, enriquecendo ainda mais o trabalho do consultor.

Portanto, se você está pensando em se aventurar nessa área, saiba que as oportunidades são vastas e a IA é uma aliada poderosa. A estruturação inicial pode parecer desafiadora, mas com uma abordagem estratégica e o uso correto das ferramentas, é possível não apenas sobreviver, mas prosperar nesse novo panorama da consultoria. Exploraremos mais profundamente essas possibilidades ao longo deste capítulo, capacitando-o a criar seu posicionamento e se destacar na consultoria virtual. A jornada está apenas começando, e o futuro se mostra promissor para aqueles que estão prontos para embarcar nessa nova era.

A consultoria baseada em Inteligência Artificial se diversifica em vários nichos, cada um com características únicas que atendem a diferentes necessidades do mercado. Vamos mergulhar em como funcionam esses tipos de consultoria e os caminhos que eles oferecem para profissionais que desejam se destacar.

No setor financeiro, por exemplo, a consultoria financeira virtual tem ganhado notoriedade, utilizando ferramentas de IA para oferecer análises detalhadas do mercado e previsões econômicas. Consultores que dominam essas tecnologias podem agora fornecer recomendações precisas, com base em grandes volumes de dados e tendências emergentes, ajudando os clientes em decisões de investimento ou na otimização de suas finanças pessoais. A implementação de algoritmos que analisam padrões históricos permite que esses profissionais ofereçam soluções que não só são informadas, mas também contextualizadas e pertinentes à situação específica de cada cliente.

Outra área em expansão é a consultoria de marketing, onde a IA é utilizada para criar campanhas personalizadas, permitindo que os consultores analisem o comportamento do consumidor em tempo real. Ao integrar ferramentas de análise preditiva, os consultores podem identificar quais estratégias serão mais impactantes e direcionar os recursos para onde o retorno sobre investimento será mais promissor. Eles podem observar, por meio dos dados, como diferentes segmentos de público interagem com conteúdo variados, ajustando suas campanhas de maneira ágil e eficaz. Esse tipo de controle não apenas melhora o desempenho de campanha, mas também fortalece o relacionamento entre marcas e consumidores.

A consultoria empresarial, por sua vez, não fica atrás. Através de plataformas de gestão que utilizam IA, consultores podem otimizar operações internas, desde a logística até a gestão de recursos humanos. Ferramentas que fazem análises de eficiência operativa e sugerem melhorias possibilitam que empresas façam ajustes que se traduzem em redução de custos e aumento de produtividade. A AI pode estabelecer métricas de desempenho em tempo real que ajudam os consultores a oferecerem insights que promovem o crescimento sustentável das organizações.

Um dos aspectos mais valiosos desta era de consultoria virtual é a personalização do atendimento. A utilização da IA para mapear as preferências e necessidades dos clientes torna-se um diferencial competitivo crucial. Por exemplo, consultores podem implementar sistemas que aprendem com as interações passadas, ajustando suas abordagens e recomendações baseadas nos feedbacks recebidos. A capacidade de oferecer soluções sob medida para cada cliente nutre um ambiente de confiança e valor mútuo, fazendo com que o cliente se sinta verdadeiramente ouvido e compreendido.

Assim, ao se aventurar no universo da consultoria virtual, profissionais podem contar com um leque vasto de serviços que vão muito além do que era convencionalmente oferecido. Ao adaptar sua oferta às especificidades de cada nicho, utilizando as ferramentas de inteligência artificial em sinergia com uma abordagem humanizada, os consultores têm a oportunidade de liderar a nova era da consultoria, onde cada interação é uma chance de criar não apenas valor, mas também relações duradouras, que têm um impacto positivo tanto nos negócios quanto na vida dos clientes. O passo seguinte é aprofundar nos instrumentos e tecnologias que tornam essa personalização e eficiência possíveis, explorando o que está disponível para capacitar consultores em sua jornada.

Iniciar uma consultoria virtual é uma jornada empolgante, repleta de possibilidades. Para quem se propõe a essa empreitada, um planejamento estruturado é fundamental. Primeiramente, é preciso definir claramente o nicho de atuação. A segmentação do mercado permite que o consultor posicione suas soluções de maneira mais eficaz, atendendo a demandas específicas. Por exemplo, escolher atuar na consultoria financeira, empresarial ou de marketing pode direcionar todo o seu esforço para as características e necessidades daquele segmento.

Depois de definido o nicho, a próxima etapa é a criação de um plano de negócios. Esse plano deve contemplar os objetivos a curto e longo prazo, assim como a estratégia de monetização. Obviamente, é preciso considerar a nuvem de concorrência que existe atualmente. Portanto, um mapeamento cuidadoso e uma pesquisa de mercado que analise o que seu público procura podem ser um grande diferencial.

O desenvolvimento de um marketing eficiente é igualmente crucial nesse panorama. Utilize as redes sociais e outras plataformas digitais para aumentar sua visibilidade. Uma forte presença online pode ser o catalisador que leva clientes à sua porta, além de confiar em SEO — a otimização para motores de busca, que facilitará o seu aparecimento nas pesquisas por soluções específicas. Considere também implementar uma estratégia de conteúdo, mostrando sua expertise através de artigos, blogs ou vídeos que abordem temas de interesse do seu público-alvo. Quando as pessoas veem que você domina um assunto, a tendência é que busquem seus serviços quando necessário.

Mas não se limita apenas a criar conteúdo. A implementação de campanhas pagas pode direcionar tráfego de qualidade e automaticamente lead para o seu negócio. As métricas de desempenho podem ser analisadas em tempo real pela IA permitindo que você ajuste suas abordagens conforme necessário. Isso se torna um ciclo de aprendizado constante, elevando sua capacidade de conversão a cada nova campanha.

Consolidar sua credibilidade no mercado é outra etapa vital. Construir autoridade exige tempo e esforço, mas pode ser alcançado através de conteúdo relevante, provas sociais, como depoimentos de clientes satisfeitos, e estudos de caso confortantes que demonstram a eficácia de suas abordagens. Essa prática não só cria confiança nos potenciais clientes, mas também fortalece suas relações já existentes. Quando as pessoas veem que sua consultoria fez a diferença, estão mais propensas a indicar seus serviços a outros.

Por fim, é crucial criar um canal aberto de comunicação com seus clientes. O feedback constante pode não apenas fortalecer as relações, mas também fornecer insights valiosos para a melhoria contínua dos seus serviços. Lembre-se de que a consultoria virtual não é somente sobre vender conhecimento, mas também sobre construir parcerias duradouras.

Nesse novo mundo digital, o sucesso na consultoria virtual dependerá muito da sua capacidade de adaptação e aprendizado contínuo. Prepara-se para abraçar a transformação digital com um olhar atento às oportunidades proporcionadas pela IA, através da personalização, eficiência e um atendimento humanizado e autêntico. Ao seguir esses passos, você estará bem-posicionado não apenas para iniciar sua consultoria, mas para prosperar nela, conquistando espaço num mercado cada vez mais dinâmico e exigente. A fase inicial é desafiadora, mas as recompensas podem ser imensuráveis para aqueles dispostos a se reinventar e a conectar-se verdadeiramente com seus clientes.

No cenário cada vez mais digitalizado da consultoria virtual, a ética e a sustentabilidade emergem como pilares fundamentais para garantir que o desenvolvimento do setor não apenas respeite os direitos dos clientes, mas também promova um impacto positivo nas comunidades que servem. Até porque, em um mundo onde a confiança é um dos grandes ativos, as práticas éticas são essenciais para construir e manter relacionamentos saudáveis entre consultores e seus clientes.

Quando falamos de considerações éticas no uso da Inteligência Artificial, é crucial abordar a questão da privacidade e confidencialidade. A análise de dados pode proporcionar insights valiosos, mas a forma como esses dados são coletados, armazenados e utilizados deve ser feita com total transparência. Os consultores precisam adotar práticas rigorosas de proteção de dados, assegurando que todas as informações sensíveis dos clientes sejam tratadas com o máximo cuidado. Informar seus clientes sobre como seus dados estão sendo utilizados e garantir que tenham controle sobre essa utilização será um diferencial competitivo que pode estabelecer a credibilidade e confiança necessárias.

Além da questão da privacidade, é importante considerar a responsabilidade que vem com o uso da IA. As decisões impulsionadas por análise de dados devem refletir não apenas uma lógica fria e matemática, mas também considerar o impacto que tais decisões podem ter na vida das pessoas. É fundamental que os consultores integrem a empatia em suas práticas, buscando sempre o bem-estar dos clientes e evitando recomendações que possam trazer consequências negativas. A responsabilidade social deve ser uma premissa básica na consultoria virtual, direcionando os profissionais a pensarem sobre como suas soluções contribuem não apenas para o sucesso econômico, mas para o bem comum.

Seguindo essa linha de raciocínio, a sustentabilidade também deve ser um alvo constante. A consultoria virtual pode desempenhar um papel pioneiro em promover práticas sustentáveis e socialmente responsáveis dentro das empresas. As recomendações de estratégias que visem a redução de impactos ambientais, otimização de recursos e promoção da inclusão social não só melhoram a imagem das empresas como também contribuem para a construção de um futuro mais sustentável. Consultores que trazem essa perspectiva para seu trabalho não apenas se destacam na competição, mas também se tornam agentes da mudança.

Diante disso, podemos refletir sobre o futuro da consultoria com a integração da IA. A evolução da tecnologia está em constante movimento, e a próxima era da consultoria virtual provavelmente será marcada por um uso ainda mais extenso e ético da IA. À medida que novas ferramentas surgem, será vital que os profissionais do setor utilizem essas tecnologias não só para otimizar serviços, mas também para promover um impacto social positivo. O avanço da IA tornará possível conectar empresas a novas soluções para velhos problemas, impulsionando tanto a inovação quanto a construção de um mercado justo e inclusivo.

Concluindo, a consultoria virtual é um campo vibrante que traz consigo uma responsabilidade significativa. Com a habilidade de transformar dados em ações e decisões informadas, vem a necessidade de levar em conta a ética e a sustentabilidade em cada passo. Ao cultivar uma mentalidade ética, o consultor não só melhora suas próprias práticas profissionais, mas também inspira outras empresas a se comprometerem a elevados padrões de responsabilidade. Portanto, o convite é claro: que cada profissional de consultoria abra seu olhar para as infinitas possibilidades que a IA oferece, alicerçadas na ética e na vontade de construir um mundo melhor, um cliente de cada vez.

Capítulo 11: Ideia 9 - Assistência à Saúde com IA

A revolução digital chegou a todos os setores, e na saúde, ela se manifesta de forma extraordinária. A transformação da saúde digital representa um marco que não apenas redefine como recebemos cuidados médicos, mas também estabelece novas maneiras de interagir com profissionais de saúde. A Inteligência Artificial está no centro dessa evolução, desmistificando processos antes considerados complexos e trazendo uma abordagem mais acessível e eficiente para todos.

A trajetória da saúde digital evoluiu de maneira impressionante. Anteriormente relegada a consultórios tradicionais e hospitais, a assistência médica agora se desdobra em plataformas digitais que permitem que pacientes se conectem com profissionais de saúde a qualquer hora e em qualquer lugar. Telemedicina, consultas online e aplicativos de monitoramento da saúde tornaram-se parte do cotidiano de milhões. A conveniência de receber uma consulta sem sair de casa ou ter acesso a informações sobre saúde a um toque de botão não é apenas uma fase passageira. É uma nova realidade.

Os dados não mentem: segundo estudos recentes, o mercado de saúde digital tende a crescer a passos largos, impulsionado pela demanda por alternativas mais eficientes e práticas de cuidado. De acordo com uma pesquisa publicada, espera-se que o setor de telemedicina cresça em uma taxa anual de 23,5%, refletindo não apenas a aceitação por parte dos pacientes, mas também a disposição dos provedores de saúde em adotar tecnologias que melhoram o atendimento. Esses números impressionantes ilustram não só a necessidade, mas a urgência pela digitalização na saúde, reforçando o papel da IA como um aliado imprescindível.

As inovações são muitas e variadas. Plataformas que utilizam algoritmos de IA para classificar sintomas e sugerir diagnósticos preliminares, wearables que monitoram a saúde e enviam dados em tempo real para médicos, e sistemas que integram informações de saúde de pacientes em um único local seguro são apenas algumas das muitas ferramentas que ilustram como a tecnologia pode ser aplicada na prática. Além disso, a IA capacita profissionais a fazerem análises cada vez mais profundas, permitindo diagnósticos mais rápidos e precisos e contribuindo diretamente para a eficiência dos cuidados com a saúde.

Nesse novo panorama, a assistência à saúde não é apenas sobre tecnologia, mas sobre como essa tecnologia pode humanizar e personalizar a experiência do paciente. Os algoritmos não substituem o toque humano, mas ampliam as possibilidades de conexão entre médico e paciente. A combinação de tecnologia avançada e empatia pode transformar a experiência de cuidar e ser cuidado, gerando um impacto positivo na vida das pessoas.

Assim, se você está buscando entender o impacto da IA na saúde, esteja preparado. O futuro deste setor não só parece promissor, mas é repleto de oportunidades que aguardam por aqueles dispostos a inovar. Nos próximos blocos, vamos explorar as aplicações práticas da IA na saúde, analisando como essas ferramentas estão se integrando ao cotidiano de médicos e pacientes, e como empreendedores podem se beneficiar dessa mudança. É aqui que a jornada realmente começa, como um convite para que você, leitor, visualize uma nova forma de empoderar a assistência à saúde, alcançando resultados que antes pareciam apenas um sonho.

A Inteligência Artificial está revolucionando o campo da saúde de maneiras que poucos poderiam imaginar há apenas uma década. Um dos exemplos mais impactantes é o uso de algoritmos avançados para diagnósticos médicos. Esses sistemas não apenas automatizam o processo de coleta de dados e interpretação de imagens, mas também aprimoram a precisão na detecção de doenças, reduzindo a margem de erro que, até então, dependia muito da experiência humana. Imagine um médico que, ao invés de passar horas revisando exames de imagem, conta com a ajuda de um software capaz de analisar milhares de imagens em questão de minutos, destacando potenciais anomalias com uma taxa de acerto surpreendente. Essa parceria entre humanos e máquinas não substitui o profissional da saúde, mas potencializa suas habilidades, permitindo que mais pacientes recebam um diagnóstico preciso e em tempo hábil.

Além dos diagnósticos, os wearables, dispositivos pessoais que monitoram a saúde constantemente, estão se tornando essenciais na assistência à saúde com IA. Esses aparelhos, que vão desde relógios inteligentes a monitores de glicemia, coletam dados em tempo real sobre a saúde dos pacientes. A partir destas informações, sistemas de IA podem alertar tanto o paciente quanto o médico sobre qualquer anormalidade, promovendo intervenções mais rápidas e eficazes. Imagine um diabético que, através de um dispositivo conectado, recebe uma notificação imediata alerta sobre mudanças em seu nível de açúcar no sangue. Essa capacidade de monitoramento contínuo é um divisor de águas na prevenção de crises e no manejo de doenças crônicas.

Outro aspecto significativo é a interpretação de exames. A IA já está presente em laudos de diversas especialidades médicas, facilitando a análise de exames laboratoriais e de imagem. Sistemas como o de análise de ressonâncias magnéticas ou tomografias podem auxiliar no reconhecimento de padrões que, de outra forma, poderiam passar despercebidos. O médico, portanto, recebe um suporte que não apenas complementa sua visão técnica, mas o aperfeiçoa como profissional. Essa colaboração não só eleva o padrão dos cuidados médicos, mas também economiza tempo valioso, permitindo que os médicos se concentrem em atender seus pacientes de forma mais holística.

Em termos de telemedicina, a inteligência artificial também está desempenhando um papel crucial. Plataformas de saúde digital agora incorporam recursos de IA para pré-triagem e triagem de sintomas, facilitando o encaminhamento correto de pacientes aos profissionais mais capacitados. Um exemplo prático é a utilização de chatbots que guiam os pacientes por um processo de triagem inicial, reunindo informações cruciais sobre sintomas e histórico médico antes mesmo de uma consulta. Dessa forma, o tempo do atendimento médico é mais bem aproveitado, já que os profissionais podem direcionar suas energias para os casos que realmente necessitam de intervenção imediata.

A sinergia entre tecnologia e cuidado humano tem transformado a experiência do paciente. Esse modelo de atendimento proporciona não apenas eficiência, mas também um sentimento de conexão. A personalização do tratamento, proporcionada pela análise de dados dos pacientes, cria uma abordagem mais humanizada, onde cada indivíduo se sente valorizado e ouvido. Além disso, a integração destes sistemas com prontuários eletrônicos oferece uma visão holística da saúde do paciente, permitindo que médicos de diferentes especialidades colaborem de forma eficaz.

Diante de todas essas possibilidades, fica claro que a Inteligência Artificial não é apenas uma ferramenta; é uma força transformadora no setor da saúde. Profissionais e empreendedores têm diante de si um campo fértil de oportunidades, onde cada inovação representa uma chance de melhorar vidas. Ao explorarmos esses caminhos, estaremos desenhando um futuro mais saudável, onde a tecnologia se une à compaixão, oferecendo cuidados que, enquanto eficientes, permanecem profundamente humanos.

O crescimento da saúde digital impulsionado pela Inteligência Artificial oferece um leque extraordinário de oportunidades para empreendedores que desejam inserir-se nesse campo em expansão. A diversidade de nichos emergentes não só reflete a necessidade de soluções inovadoras, mas também o potencial para transformar a forma como os cuidados de saúde são prestados. Vamos explorar algumas dessas oportunidades que estão fazendo ondas no mercado.

Um dos nichos que se destaca é o da saúde mental digital. Com a crescente conscientização sobre a importância da saúde mental, aplicativos e plataformas que oferecem terapia online e suporte emocional estão se tornando cada vez mais relevantes. A IA pode ser utilizada para personalizar as interações dos usuários, adequando as sugestões de terapias e conteúdo de bem-estar às necessidades individuais. Imagine um aplicativo que, através de um simples questionário e das interações do usuário, consegue moldar um percurso de autoconhecimento e melhoria emocional. Esse tipo de solução não apenas aborda uma demanda premente, mas também cria um espaço onde as pessoas se sentem apoiadas em suas jornadas pessoais.

Os aplicativos de acompanhamento alimentar e fitness estão em ascensão, refletindo a busca por um estilo de vida saudável. Estruturados com IA, esses programas são capazes de analisar os hábitos alimentares e níveis de atividade física, fornecendo recomendações de dietas personalizadas e sugerindo treinos que se encaixem perfeitamente no cotidiano do usuário. Imagine um aplicativo que não só registra suas refeições, mas também sugere receitas que atendem às suas necessidades nutricionais específicas, considerando restrições alimentares e preferências pessoais. Essa personalização traz um valor significativo ao usuário, aumentando o engajamento e a permanência na plataforma.

A telemedicina está abrindo novas avenidas para negócios que desejam inovar com a facilitação de consultas e acompanhamento remoto. Ferramentas que conectam pacientes e médicos em tempo real, automatizando o agendamento e permitindo o monitoramento contínuo de condições de saúde crônicas, representam não apenas uma solução prática, mas também um impacto positivo na qualidade de vida dos usuários. Os responsáveis pelas tecnologias que suportam essa interação têm um papel fundamental a desempenhar, tornando a experiência do usuário fluida e compreensível.

Investir em startups de saúde digital é uma tendência crescente. O mercado está se tornando cada vez mais receptivo a propostas criativas e tecnológicas. Os investidores estão analisando não apenas a viabilidade financeira, mas também o impacto social das soluções. Isso representa uma grande oportunidade para que os empreendedores apresentem propostas que não apenas resolvem problemas imediatos, mas que também contribuem para uma sociedade mais saudável e mais bem-informada. Imagine se, ao criar uma startup, você pudesse não somente lucrar, mas também gerar um efeito positivo significativo na saúde das pessoas ao seu redor.

Contudo, iniciar um negócio nesse espaço requer uma compreensão firme do mercado. Pesquisas de mercado são fundamentais. Compreender as necessidades do seu público-alvo pode diferenciar sua proposta em um cenário cada vez mais competitivo. Aprofunde-se nas conversas com potenciais usuários, obtenha feedbacks, e ajuste suas soluções baseadas nas realidades que você coleta. A flexibilidade e a disposição para ouvir e adaptar-se às necessidades do público podem ser diferencias cruciais que se traduzem em sucesso.

Além disso, é vital considerar a experiência do usuário. A interface de qualquer aplicativo ou plataforma deve ser intuitiva e acolhedora. Diversas inovações podem ser maravilhosas, mas se a implementação for complexa ou confusa, o impacto pode ser desastroso. Criar uma experiência que envolva e cative os usuários é tão importante quanto a própria tecnologia em si. A combinação entre tecnologia avançada e uma abordagem centrada no usuário despoletará um novo padrão na saúde digital.

Assim, à medida que navega por essas oportunidades, mantenha um olhar atento às inovações e tendências de mercado. A saúde digital está em constante evolução, e a IA estar moldando o futuro de maneiras que ainda estamos aqui para descobrir. Este capítulo foi uma porta de entrada para o vasto universo de possibilidades, e o convite é para que você, leitor, se torne um protagonista nesta revolução, contribuindo de forma significativa para um futuro mais saudável. A transformação da saúde através da tecnologia não é apenas um sonho; é uma realidade palpável que está aguardando aqueles que ousam sonhar e agir.

As considerações éticas no uso da Inteligência Artificial na assistência à saúde são de suma importância e devem ser tomadas como premissas fundamentais a serem respeitadas, especialmente neste contexto em que se trata da vida e bem-estar de indivíduos. Um dos pilares a ser discutido é a privacidade dos dados do paciente. Com a digitalização dos serviços de saúde e o fluxo constante de dados sensíveis, a proteção da informação se torna um assunto de forte relevância. Ao utilizar sistemas de IA, é necessário garantir que consentimentos explícitos sejam obtidos antes da coleta de qualquer dado. O paciente precisa ter clareza sobre como suas informações serão usadas, a fim de preservar sua privacidade e respeitar seu direito de escolha. Uma imagem é um conjunto de dados que podem contê-los riscos invisíveis, e cabe ao setor cuidar dessas informações com integridade.

A responsabilidade é outro aspecto que merece atenção especial. Quando a IA é aplicada para auxiliar diagnósticos ou decisões médicas, surgem questionamentos sobre a prestação de contas. Se uma decisão clínica errada for proporcionada por um algoritmo, quem é o responsável? O médico que utilizou a ferramenta, ou os desenvolvedores do software? Essa é uma discussão que reverbera em toda a comunidade médica e tecnológica. É fundamental que exista transparência nos algoritmos utilizados, para que médicos e pacientes compreendam as bases que suportam as recomendações oferecidas. Neste sentido, a colaboração entre tecnólogos e profissionais da saúde torna-se essencial para criar soluções que não apenas atendam as necessidades práticas, mas que também garantam uma fundamentação ética sólida.

Outro desafio que surge é a aceitação dessas tecnologias tanto por profissionais de saúde quanto por pacientes. A resistência à adoção de novas tecnologias pode ser motivada por medo do desconhecido ou falta de confiança nos sistemas. Para transpor essa barreira, é imprescindível promover um diálogo aberto sobre os benefícios que a IA pode trazer. Realizar treinamentos para médicos e campanhas de conscientização para pacientes se torna crucial na disseminação do conhecimento sobre como essas ferramentas podem aprimorar os cuidados de saúde. A educação contínua sobre a tecnologia garante uma interface forte e amigável entre o ser humano e as máquinas.

Por fim, é necessário refletir sobre como equilibrar inovação com a entrega de serviços acessíveis e justos a todos. A IA tem o potencial de aprimorar a eficiência do atendimento médico, mas não pode ser uma barreira que aprofunda desigualdades já existentes no acesso a serviços de saúde. As tecnologias de IA devem ser desenvolvidas com uma visão inclusiva, tendo sempre em mente que cada paciente merece cuidado, independentemente de sua origem socioeconômica. O compromisso com a equidade deve estar na essência de qualquer desenvolvimento inovador na saúde digital.

Ao abordar essas considerações éticas e desafios aliados à utilização da Inteligência Artificial na saúde, estamos nos preparando para um futuro mais responsável e humano. A integração cuidadosa da tecnologia e do toque humano pode não apenas garantir a eficácia no atendimento, mas também ajudar na construção de uma confiança sólida entre pacientes e profissionais de saúde. A jornada que temos pela frente é repleta de desafios, mas também de oportunidades significativas que, quando abordadas com ética e cuidado, podem redefinir positivamente o setor da saúde.

Capítulo 12: Ideia 10 - Usando a IA criando PROMPTS

Definição de PROMPT e Estruturação para Projetos com IA

O que é um PROMPT?

Um *prompt* é uma instrução ou conjunto de diretrizes fornecidas a um modelo de Inteligência Artificial (IA) para que ele produza uma resposta, realize uma tarefa ou forneça informações com base no que foi solicitado. Ele atua como a interface de comunicação entre o usuário e o modelo, determinando o contexto, o tom e o objetivo da interação.

Modalidades de PROMPT

1. PROMPT Simples

- Estruturas curtas e diretas.

- Exemplo: "Explique a teoria da relatividade em termos simples."

- Características:

- Ideal para tarefas simples e respostas objetivas.

- Menor controle sobre o estilo ou detalhamento da resposta.

2. PROMPT Contextualizado

- Inclui informações adicionais para estabelecer um contexto.

- Exemplo: "Imagine que você é um professor explicando a teoria da relatividade para uma turma de crianças de 10 anos."

- Características:

  - Melhora a personalização da resposta.

  - Define um público-alvo ou situação específica.

3. PROMPT em etapas (Chain-of-Thought)

- Divide a tarefa em passos lógicos para incentivar um raciocínio mais estruturado.

- Exemplo: "Liste os passos necessários para explicar a teoria da relatividade, depois crie uma explicação simplificada com base neles."

- Características:

  - Estimula o modelo a organizar o raciocínio.

  - Útil para tarefas complexas ou com múltiplos objetivos.

4. PROMPT com Restrições

- Específica limites, como o número de palavras, tom ou formato.

- Exemplo: "Escreva um resumo de até 150 palavras sobre a teoria da relatividade em um tom científico."

- Características:

- Garante que o output siga parâmetros claros.

- Adequado para outputs com restrições editoriais ou técnicas.

5. PROMPT Iterativo

- Construído com base em feedback, refinando progressivamente o resultado.

- Exemplo: "Crie um resumo sobre a teoria da relatividade. Após a resposta, peça mais detalhes ou ajustes."

- Características:

  - Promove interatividade e refinamento contínuo.

  - Melhora a adequação às necessidades do usuário.

Características Essenciais de um BOM PROMPT

1. Clareza

- Use linguagem direta e evite ambiguidades.

- Exemplo ruim: "Fale sobre física."

- Exemplo bom: "Explique o conceito de energia cinética com exemplos práticos."

2. Contexto

- Estabeleça informações relevantes para a tarefa.

- Exemplo: "Você é um guia de viagens. Escreva um roteiro de 5 dias para turistas em Paris."

3. Objetividade

   - Indique o propósito e o formato esperado da resposta.

   - Exemplo: "Liste 5 dicas para economizar energia em casa em formato de tópicos."

4. Adaptabilidade

   - Projete o *prompt* para ser iterado ou ajustado conforme necessário.

5. Tom e Estilo

   - Especifique se deseja formalidade, casualidade ou outro estilo.

   - Exemplo: "Redija um e-mail formal pedindo informações sobre o status de um pedido."

Estrutura Modelo para Criação de PROMPTs

1. Identificação do Objetivo

   - Pergunte: Qual é o resultado que desejo obter da IA?

   - Exemplo: Criar um artigo, responder uma pergunta, gerar ideias etc.

2. Definição do Contexto

   - Especifique:

   - O público-alvo.

- A situação ou cenário.
- Qualquer restrição relevante.
- Exemplo: "Você é um consultor de marketing digital explicando estratégias de SEO para iniciantes."

3. Formato Desejado
   - Indique o tipo de resposta esperado:
   - Lista, parágrafo, código, narrativa etc.
   - Exemplo: "Crie uma lista de 10 ideias para títulos de artigos de blog sobre sustentabilidade."
4. Critérios e Restrições
   - Inclua limites de palavras, estilo ou profundidade.
   - Exemplo: "Escreva em até 200 palavras com tom didático e linguagem simples."
5. Iteração e Feedback
   - Prepare o *prompt* para refinamento, caso necessário.
   - Exemplo: "Se a resposta não for satisfatória, peça mais detalhes."

Aplicações em Projetos Usando IA

Ao usar PROMPTs para desenvolver projetos, os seguintes aspectos devem ser considerados:

- Definição do escopo: Determine quais partes do projeto a IA deve auxiliar, como geração de ideias, escrita ou análise de dados.

- Modularidade: Estruture os *prompts* para cobrir tarefas específicas, permitindo fácil integração.

- Testes e Refinamento: Execute *prompts* iterativamente para melhorar os resultados.

Com essas orientações, é possível estruturar *prompts* eficazes, maximizando o potencial da IA em diferentes aplicações.

Guia de Instruções para Usuários Leigos em IA: Modelos de PROMPT

Abaixo, apresento instruções detalhadas com exemplos práticos de *prompts* para ajudar usuários iniciantes a interagir com a Inteligência Artificial de maneira eficiente. Este guia também traz modelos para diferentes contextos e necessidades.

Instruções Básicas para Criar um BOM PROMPT

1. Seja Claro e Direto:

- Explique exatamente o que deseja, evitando frases vagas.

- Exemplo:

- Ruim: "Conte sobre animais."

- Bom: "Explique as características de mamíferos e dê dois exemplos."

2. Dê Contexto:

- Informe à IA o cenário ou público que deve ser considerado.

- Exemplo:

- "Explique o que é sustentabilidade como se você estivesse falando com uma criança de 10 anos."

3. Defina o Resultado Esperado:

- Especifique o formato e o tipo de resposta que precisa.

- Exemplo:

- "Liste 5 receitas de sobremesas fáceis com até 100 palavras cada."

4. Use Exemplos e Restrições:

- Diga como deseja que a resposta seja estruturada.

- Exemplo:

- "Crie um poema de 4 linhas sobre o mar em um tom alegre."

5. Peça Ajustes, se Necessário:

- Formule seu *prompt* de maneira que permita correções ou refinamentos.

- Exemplo:

- "Se precisar de mais detalhes, peça. Quero um texto de até 300 palavras."

Modelos de PROMPT para Diferentes Situações

1. Aprendizado ou Pesquisa

- Exemplo Geral:

- "Explique o que é a fotossíntese em até 150 palavras, usando uma linguagem simples."

- Personalizado para Estudantes:

- "Imagine que sou um aluno do ensino médio. Explique os principais eventos da Revolução Francesa em tópicos."

2. Planejamento de Projetos

- Exemplo Geral:

- "Ajude-me a criar um plano básico para organizar uma festa de aniversário com um orçamento de R$1.000."

- Passo a Passo:

- "Liste as etapas necessárias para começar um projeto de jardinagem em casa."

3. Criação de Conteúdo Criativo

- Escrita de Histórias:

- "Crie uma história curta sobre um cachorro que encontra um amigo inesperado em até 300 palavras."

- Poemas:

- "Escreva um haicai sobre o outono. Use imagens naturais como folhas e vento."

4. Geração de Ideias

- Brainstorming:

- "Sugira 10 ideias criativas para temas de artigos sobre saúde e bem-estar."

- Soluções para Problemas:

- "Quais são algumas maneiras inovadoras de economizar água em casa?"

5. Tarefas Cotidianas

- Organização de Rotinas:

- "Crie uma lista de tarefas para limpar a casa de forma eficiente em um dia."

- Sugestões de Receitas:

- "Sugira 3 receitas fáceis para jantar usando frango e arroz."

6. Comunicação Formal ou Informal

- E-mail Formal:

- "Redija um e-mail para um cliente solicitando mais informações sobre um pedido pendente."

- Mensagem Casual:

- "Escreva uma mensagem para convidar amigos para um churrasco no próximo sábado."

7. Desenvolvimento Profissional

- Escrita de Currículo:

- "Crie um exemplo de resumo profissional para um engenheiro de software com 5 anos de experiência."

- Treinamento em Entrevistas:

- "Liste 5 perguntas comuns em entrevistas para cargos de liderança e sugira boas respostas."

8. Entretenimento e Lazer

- Planejamento de Viagens:

- "Monte um roteiro de 3 dias para conhecer os principais pontos turísticos de Paris."

- Curiosidades:

- "Conte curiosidades interessantes sobre a cultura japonesa."

Dicas Finais para Usuários Leigos

- Teste e Ajuste:

Se a resposta não for o que esperava, reformule o *prompt*. Por exemplo, adicione mais detalhes ou especifique o tom.

- Não Tenha Medo de Experimentar:

Use *prompts* criativos para explorar o que a IA pode oferecer.

- Aprenda com as Respostas:

A cada interação, observe como o *prompt* afeta a resposta e ajuste para melhorar o resultado.

Com esses modelos e instruções, até mesmo usuários iniciantes podem criar *prompts* eficazes para extrair o máximo do potencial da Inteligência Artificial!

Concluindo,

A jornada que percorremos ao longo deste livro foi uma verdadeira exploração das vastas e transformadoras possibilidades que a Inteligência Artificial nos oferece. Desde os primeiros conceitos até as aplicações práticas em várias indústrias, cada capítulo foi uma arte envolvente que não apenas apresentou ideias, mas também instigou reflexões e despertou um desejo de mudança.

Começamos desvendando os mistérios da IA relembrando sua evolução e como já permeia nosso cotidiano, tornando-se uma aliada poderosa nos negócios e na vida pessoal. Na sequência, mergulhamos na era da criatividade assistida, onde a IA mostrou-se uma musa inovadora, capaz de ampliar nossos horizontes criativos e abrir portas para a originalidade.

A ideia de um e-commerce inteligente se destacou, demonstrando como a tecnologia pode se integrar ao comércio eletrônico, fazendo-o mais ágil e personalizado. O crescimento dos chatbots transformou a comunicação com o cliente em algo instantâneo e eficiente, enquanto o marketing automatizado revolucionou as estratégias de captação e fidelização de clientes. Ferramentas avançadas trouxeram a troca de diálogos para outro patamar, resultando em uma experiência mais enriquecedora para ambos os lados.

Os aplicativos com IA despontaram como negócios do futuro, atendendo a demandas reais de usuários que buscam soluções práticas e acessíveis. Já o investimento assistido por IA mergulhou na fusão de dados e estratégias, apoiando decisões que podem significar a diferença entre o sucesso e o fracasso financeiro. A criação de conteúdo generativo, a inovação na educação e o crescimento da consultoria virtual mostraram que as oportunidades são ilimitadas, e a saúde digital nasceu como um campo fértil para visionários que desejam transformar vidas.

Agora, chegamos ao momento da reflexão. Que imagens você conseguiu visualizar durante esta leitura? Quais ideias despertaram um chamado interior? A transformação que a Inteligência Artificial proporciona vai além do que podemos enxergar; ela se aloja na mente de cada um de nós, esperando o momento certo para desabrochar. Você está pronto para dar o próximo passo?

Convido você a se debruçar sobre essas questões, a revisitar suas anotações e a identificar como cada uma dessas ideias pode ser aplicada ao seu cotidiano e aos seus negócios. A autoavaliação é o primeiro passo para a transformação. Analise o que cada inovação representou para você e como isso pode moldar suas ações no futuro.

Lembre-se de que as respostas não precisam ser grandiosas. Às vezes, são as pequenas mudanças que criam um impacto significativo. O importante é dar início a essa jornada de implementação. Ações práticas podem ser levadas ao seu dia a dia, e a incorporação de um mindset inovador será sua aliada nesta jornada.

Estamos diante de um futuro vibrante e repleto de oportunidades. A cada nova tendência na Inteligência

Artificial, novas janelas se abrem para quem está disposto a aprender e se adaptar. As agendas de negócios estão se moldando a esse novo paradigma, e a inovação passou a ser um pilar essencial para o sucesso.

Agora, imagine um futuro em que você não é apenas um espectador, mas um protagonista nas transformações que a IA proporciona. Visualize-se agindo, fazendo parte desse movimento que molda realidades. A sua participação pode não apenas significar crescimento pessoal, mas também contribuir para a transformação de vidas ao seu redor.

Neste momento de encerramento, deixo um convite: comprometa-se. Comprometa-se a explorar as ideias discutidas, a praticar o aprendizado contínuo e a criar uma rede de apoio ao seu redor. Incentive a troca de experiências porque, juntos, podemos amplificar a transformação e incentivar outros a se unirem a nós nessa jornada.

O poder de mudar realidades está em suas mãos. Use a inteligência da tecnologia ao seu favor, permita-se sonhar e dê o primeiro passo. Essa jornada está apenas começando. Que as oportunidades se desenrolem diante de você, e que as ideias se tornem ações que impactem positivamente a vida de outros.

Assim, mais do que uma finalização, este é o prenúncio de um novo começo, um espaço onde você pode crescer, aprender e prosperar. O futuro está iluminado por todas as possibilidades que a Inteligência Artificial possui para oferecer — cabe a você abraçá-las e se tornar o arquiteto da sua própria realidade.

Para colocar em prática tudo o que discutimos, vamos explorar alguns passos concretos que você pode seguir para integrar a Inteligência Artificial na sua vida e nos seus negócios. O ideal é que essas ações sejam percebidas como pequenos avanços, pois cada um deles é um tijolo na construção de uma jornada sólida e significativa.

Comece por identificar áreas do seu dia a dia que podem se beneficiar da tecnologia. Uma boa prática é observar os processos que travam seu avanço: existe uma tarefa repetitiva que poderia ser otimizada? Uma forma de fazer isso é buscar ferramentas de automação que, por meio da IA, podem simplificar seu fluxo de trabalho. Por exemplo, se você gerencia conteúdos nas redes sociais, considere plataformas que agendem postagens automaticamente e ofereçam análises baseadas em dados para que você tome decisões informadas.

Em seguida, é crucial desenvolver um mindset inovador. Isso significa estar aberto a novas ideias e perspectivas. Cultive a curiosidade: participe de workshops, seminários ou cursos online relacionados à tecnologia e à IA. Não tenha medo de errar ao experimentar algo novo, pois muitas das melhores inovações surgem de tentativas que, a princípio, podem parecer fora da caixa. Conectar-se com outros profissionais da sua área pode gerar insights valiosos e colaborações genuínas.

Não deixe de implementar ferramentas que você aprender a conhecer. Ferramentas como chatbots para atendimento ao cliente podem ser uma excelente adição ao seu negócio, aumentando a eficiência e a satisfação do consumidor. Pense em como poderia mediar a experiência dos seus usuários com soluções personalizadas: agendamentos, respostas automáticas a perguntas frequentes e até recomendações de produtos baseados em histórico de compras.

Além disso, invista tempo em aprender sobre análise de dados. Desde que você tenha informações sobre o seu público-alvo, a análise preditiva pode ajudar a antecipar tendências e comportamentos. Isso não apenas melhora o direcionamento das suas estratégias, mas também assegura que você esteja sempre um passo à frente da concorrência.

E lembre-se de incluir a sua equipe nesse processo. A colaboração é fundamental para qualquer empreitada de sucesso. Discuta ideias, troque impressões e busque a contribuição de diferentes pontos de vista. Quando todos estão envolvidos e empolgados, o impacto é muito mais significativo.

Por último, tenha sempre em mente que a jornada da transformação digital não precisa ser um salto gigantesco. As pequenas vitórias que você conquista hoje pavimentam o caminho para conquistas maiores no futuro. Se dedique a experimentações, e não se esqueça de celebrar cada conquista.

Com esses passos práticos, não só você começará a implementar as ideias discutidas no livro, mas também abrirá portas para novas oportunidades que a Inteligência Artificial pode trazer. O futuro está aberto e cheio de possibilidades: vá em frente e aceite a oportunidade de ser um agente de transformação.

Neste momento, estamos olhando para um futuro vibrante, onde as possibilidades da Inteligência Artificial se desdobram em uma maré de oportunidades e inovações. A cada dia que passa, novas tendências emergem, moldando não apenas nossa maneira de viver, mas também a forma como fazemos negócios. As tecnologias que antes pareciam futuristas agora se tornam realidade palpável, e é crucial que estejamos preparados para abraçar essa transformação.

Uma das tendências mais intrigantes é o avanço contínuo das interfaces de usuário baseadas em IA. Imagine um mundo onde a interação com dispositivos seja intuitiva, fluida e natural. A tecnologia de reconhecimento de voz e os sistemas de resposta facial estão se refinando a um nível que torna a comunicação quase humana. Essa evolução não apenas melhora a experiência do usuário, mas também abre portas para que empresas se conectem de maneira mais significativa e personalizada com seus clientes.

Além disso, assistimos ao surgimento de plataformas de IA que ajudam as empresas a compreender melhor o comportamento dos consumidores. A análise preditiva, alimentada por grandes volumes de dados, torna-se uma ferramenta poderosa que possibilita antecipar tendências de mercado e personalizar ofertas. Imagine ter a capacidade de entender o que seus clientes desejam antes mesmo que eles expressem essas necessidades. Essa é a vantagem competitiva que a IA pode proporcionar, permitindo estratégias de marketing mais eficazes e relações mais solidificadas.

No campo da saúde, a IA se estabelece como um divisor de águas; suas inovações estão continuamente mudando o cenário da assistência médica. O uso de algoritmos para prever surtos de doenças, o monitoramento em tempo real de dados vitais e a personalização de tratamentos são apenas algumas maneiras pelas quais a tecnologia está reformulando a medicina. À medida que os profissionais de saúde adotam essas ferramentas, descobrimos um novo paradigma, onde a antecipação de necessidades e o cuidado proativo são a norma, e não a exceção.

Além disso, o campo educacional está em constante reestruturação. A personalização do aprendizado, possibilitada por sistemas inteligentes, permite aos educadores atenderem às necessidades específicas de cada aluno. Dos tutores de IA a programas de aprendizado adaptativo, essas ferramentas estão sendo projetadas para maximizar o potencial de cada estudante, transformando a educação em um espaço mais inclusivo e acessível.

À medida que visualizamos essa multiplicidade de inovações, uma verdade se torna evidente: a adaptabilidade e a disposição para aprender se tornaram habilidades essenciais na atual era digital. Ficar atento às mudanças, experimentar novas tecnologias e não hesitar em abraçar a inovação é o que distinguirá os líderes dos seguidores. Por isso, reafirmar nossa determinação em cultivar um mindset inovador é fundamental se quisermos não apenas sobreviver, mas prosperar nesse cenário em evolução.

Por último, lembramo-nos de que o futuro não é uma linha reta; ele é moldado por ação. A cada passo que damos, mesmo que pequeno, contribuímos para a formação desse amanhã que desejamos. Se cada leitor deste livro decidir agir, mesmo em seu círculo mais próximo, teremos o potencial para criar um impacto significativo. A mudança começa com você — a sua disposição em explorar o novo, aprender e compartilhar seu conhecimento fará toda a diferença.

Assim, ao final deste livro, que sua mente esteja não apenas repleta de ideias, mas cheia de um vigor renovado para transformar essas ideias em ação. O futuro, repleto de Inteligência Artificial, aguarda aqueles que não têm medo do desconhecido e que estão prontos para se tornarem protagonistas de suas próprias narrativas. É momento de avançar, inovar e criar um legado que inspire outros a fazer o mesmo. Que a jornada comece!

A transformação que a Inteligência Artificial oferece à nossa vida não é apenas uma questão de tecnologia — é um chamado à ação. Neste último momento juntos, convido você a se comprometer com a transformação que deseja ver em sua própria realidade. Cada um de nós possui o poder de impactar positivamente a vida alheia, e a hora de agir é agora.

Imagine-se como um agente de mudança. Como você pode usar as ideias que exploramos neste livro para não apenas melhorar seu próprio caminho, mas também iluminar o caminho de outros? Reflita sobre as oportunidades que surgiram em sua mente ao longo desta leitura. Quais delas ressoam mais com a sua vida? Comece a se visualizar experimentando e implementando essas ideias. É hora de parar de sonhar e lançar-se na ação!

Pode-se pensar em um pequeno passo — quem sabe começar a pesquisar sobre uma tecnologia específica que você descobriu aqui ou até mesmo iniciar um projeto acessível. Que tal se motivar a formar uma rede de colaboradores que compartilhem o mesmo anseio por inovação? O espírito colaborativo é uma força poderosa, e quando unidos, podemos transformar nossas visões em realidade. Isso não apenas potencializa nosso crescimento individual, mas também fortalece o nosso grupo, criando um ciclo positivo que expande as possibilidades para todos.

As preocupações em relação ao futuro e à assimilação da Inteligência Artificial nos negócios não precisam ser uma carga, mas sim um combustível que nos move a aprender continuamente. Aprender é a chave para manter-se relevante neste mundo em constante evolução. Aproveite essa jornada de descobertas — esteja sempre buscando novidades, participe de workshops, assista a webinars, leia sobre tendências. Permita-se curar sua curiosidade e abraçar os desafios que o conhecimento proporciona.

Assim, reafirmamos que não estamos mais apenas escrevendo sobre a Inteligência Artificial e suas múltiplas possibilidades; estamos clamando por um compromisso pessoal de todos nós. Vamos além das páginas deste livro; vamos juntos construir um futuro promissor onde a inovação e a compaixão andam de mãos dadas. Cada um de nós pode ser a faísca que inicia uma revolução.

Estabeleça suas metas. Quer sejam pequenas ou grandiosas, mantenha o foco nelas! Defina prazos e faça um acompanhamento da sua jornada. A sua determinação é a ponte que conectará a concepção da ideia à sua realidade. À medida que avança, lembre-se de celebrar suas vitórias, por menores que pareçam. Cada passo dado é uma conquista em direção a algo maior.

E, finalmente, ao sair em busca do novo, leve com você a crença de que suas ações podem inspirar outros. Compartilhe suas experiências, instrumentalize sua comunidade com conhecimento e escolha fazer parte de algo maior.

Estamos todos juntos nessa jornada empolgante, onde a Inteligência Artificial não é apenas uma desculpa para a eficiência, mas uma oportunidade para renovar nossos compromissos de criatividade, humanidade e solidariedade. O texto deste livro funciona como um guia, mas a história que se desenrolará a partir daqui será única, escrita por suas mãos.

Que você abrace seu papel de protagonista e comece agora a desenhar o futuro que deseja — um futuro que não apenas passa pela inovação, mas também pela natureza humana que cultivamos. Vamos em frente, moldando não só nossas vidas, mas a vida de muitos outros.

O futuro está solene à sua espera — ponha-se em movimento!

Queridos leitores,

Chegamos ao final desta jornada, e é com imensa satisfação que escrevo estas palavras. Espero que, ao longo das páginas deste livro, você tenha encontrado não apenas informações valiosas, mas também inspiração e motivação para abraçar as transformações que a Inteligência Artificial está trazendo para a vida de cada um, para a atividade profissional, e para o nosso mundo.

A intenção deste livro foi iluminar as inúmeras possibilidades que a IA oferece, encorajando você a explorar novas ideias, desafiar limites e manifestar seus sonhos com a ajuda da transformação digital da tecnologia. Nunca se esqueça: a criatividade é a alma do progresso, e ao combinar suas habilidades únicas com as ferramentas que a IA nos proporciona, você possui o poder de criar soluções inovadoras que podem impactar positivamente sua vida e a vida de muitos ao seu redor.

Lembre-se de que cada grande passo começa com pequenas ações. Ao adotar um mindset de aprendizado contínuo e permanecer aberto a novas oportunidades, você se torna parte de uma comunidade vibrante de aprendizes e criadores. Juntos, podemos moldar um futuro em que a tecnologia e a criatividade caminham lado a lado, transformando ideias em realidade.

Assim, convido você a seguir em frente com coragem e determinação. Experimente, descubra suas paixões e nunca subestime o impacto que suas ações podem ter no mundo. Estou animado para ver o que você fará a seguir!

Com carinho e esperança em sua evolução no estudo da IA,

Afranio Campos

Economista, Analista de Sistemas Sênior

www.ingramcontent.com/pod-product-compliance
Ingram Content Group UK Ltd.
Pitfield, Milton Keynes, MK11 3LW, UK
UKHW021956190726
13853UKWH00004B/1574

9 786501 271484